NFT 与数字经济

吴志峰 岳昊江 ◎ 著

中国出版集团
中译出版社

图书在版编目（CIP）数据

NFT 与数字经济 / 吴志峰，岳昊江著 . -- 北京：中译出版社，2023.1
　　ISBN 978-7-5001-7259-8

Ⅰ . ① N… Ⅱ . ①吴… ②岳… Ⅲ . ①网络经济 Ⅳ . ① F49

中国版本图书馆 CIP 数据核字（2022）第 230713 号

NFT 与数字经济
NFT YÜ SHUZI JINGJI

著　　　者：吴志峰　岳昊江
策划编辑：于　宇　薛　宇
责任编辑：于　宇
文字编辑：薛　宇　马　萱
营销编辑：马　萱　纪菁菁

出版发行：中译出版社
地　　址：北京市西城区新街口外大街 28 号 102 号楼 4 层
电　　话：（010）68002494（编辑部）
邮　　编：100088
电子邮箱：book@ctph.com.cn
网　　址：http://www.ctph.com.cn
印　　刷：北京顶佳世纪印刷有限公司
经　　销：新华书店
规　　格：710 mm×1000 mm　1/16
印　　张：19.5
字　　数：206 千字
版　　次：2023 年 1 月第 1 版
印　　次：2023 年 1 月第 1 次印刷

ISBN 978-7-5001-7259-8　　　　　定价：78.00 元

版权所有　侵权必究
中 译 出 版 社

推荐序

NFT：秉承"负责任创新"理念，助力实体经济提质增效

姚前[①]

2013—2014年，区块链圈子开始讨论NFT的相关概念。近年来，NFT一夜爆红，成为继去中心化金融（DeFi）之后的热点。NFT全称为Non-Fungible Token，中文翻译为"非同质化代币"，也被译为"非同质化通证"。非同质化体现在代币的不可分割（只能以完整状态存在、拥有和转移）和不可替代（独一无二、不能复制、具有唯一性）。通常NFT包括一个元数据（metadata）包，里面有这枚NFT的名称、描述、底层资产信息（比如数字媒体签名、原始媒体文件存储地址或者链下资产指向等信息），以凸显唯一性。

NFT最初在卡通和游戏领域"试水"，最为人熟知的两个早期项目是2017年的加密朋克（CryptoPunks）和加密猫（CryptoKitties），它们在以太坊（Ethereum）上通过算法生成。每一枚CryptoPunks对应不同的NFT代币。CryptoKitties也是如此，CryptoKitties（NFT）

[①] 作者系证监会科技监管局局长。本文仅代表个人学术观点，不代表所在机构意见。

组合还可生成新的CryptoKitties（NFT）。2020年，NFT市场规模开始爆发增长，市值翻了三倍，达2.5亿美元以上，涉及范围扩展到体育、艺术、域名、虚拟世界商品、房地产等更多领域。比如，美国职业篮球联赛（NBA）在2020年与CryptoKitties的开发商Dapper Labs联手发布NFT：NBA Top Shot。这个NFT包含了NBA球星的视频片段及相关数据。2021年，艺术家迈克·温克尔曼（Mike Winkelmann，又名"Beeple"）将他的数码作品"Everydays: the First 5 000 Days"制作为NFT，最终以6 900多万美元的价格在佳士得拍卖成交，创下了拍卖在世艺术家作品的第三高价。2021年6月，Propy铸造和拍卖了第一个房地产NFT。

有关NFT内容创作、铸币发行、展示交易等活动的完整生态已经形成。在内容创作方面，艺术家、艺术机构、拍卖行、数字媒体、文化公司、体育联盟与区块链公司合作向NFT注入各类文化IP。在铸币发行方面，不少NFT部署在以太坊等公链上。以太坊的ERC-721建立基本的NFT定义，ERC-1155支持建立不同的NFT类别，ERC-998支持多个NFT的从属和嵌套等关系，这些协议成为NFT智能合约的标准规范，被其他公链普遍接受。为了应对以太坊的阻塞，CryptoKitties主创团队Dapper Labs在2020年推出一条专门为NFT开发的公链：Flow链。其他公链亦可为NFT提供相关服务支持，比如公链星际文件系统（Inter Planetary File System，IPFS）为数字媒体NFT的底层文件提供了大文件存储。佳士得拍卖行拍卖的Beeple数码作品就是存放在IPFS链上。NFT还可在联盟链或私有链上发行。2021年6月，蚂蚁链发售"敦煌飞天""九色鹿"两款付款码 NFT。NFT 展示交易方面，有 OpenSea、Rarible、SuperRare、SoRare、Enjin 等交易平台。

NFT 展现了区块链技术在数字资产确权和维权方面的独特优势。通过 NFT，非标准化资产可有效确权，变成可流动、可交易、可信的数字资产，从而低成本、高效率地盘活起来。服务实体经济是资产数字化的价值和意义，也是任何数字金融创新的根本原则。就此而言，NFT 各方主体须秉承"负责任创新"理念，充分发挥区块链技术在资产确权和维权方面的独特优势，降低交易和信任成本，大力促进实体经济提质增效，切忌将 NFT 变为逃避监管、非法交易、投机炒作的工具。所以，需要重点关注以下风险。

一是可能的市场乱象和非法行为。看起来同质化的产品也有可能具有非同质化特征。就像货币，看起来同质，但在纸钞形式下，具有不同冠字号，或有不同版式，或有不同发行日期，从而可能会被赋予不同意义和收藏价值，变成非同质化产品。同样，同质化代币也有非同质化特征，比如时间戳，相当于纸钞的冠字号。反过来，非同质化代币也有可能被人为地同质化，比如份额等分，或者在发行时铸造基本相同的多个 NFT。因此，同质化与非同质化的区分具有一定的相对性和人为性，模糊的界限很可能滋生市场乱象和非法行为。

二是链下虚假资产问题。除了链上原生的数字产品，NFT 的底层资产亦可来自链下，比如一幅画、一幢房子、存在某云空间的一段视频。理论上，任何链下的非同质化资产均可上链成为 NFT，因此有人提出"一切都可 NFT"。在此情形下，如何保障链上 NFT 和链下资产的价值映射则成了关键，否则，链上NFT可能存在虚假资产，涉嫌欺诈。区块链只能实现链上数字资产的不可篡改、不可伪造和唯一性，而对于链下资产，则需要设计其他有效的机制来维持和保障资产的真实性、完整性和安全性。

三是市场投机风险。Uniswap平台的一双袜子NFT被拍出15万美元；推特创始人最早发出的五个单词NFT拍出250万美元；"敦煌飞天"NFT最高被炒到一个150万元。资产估值历来是仁者见仁，智者见智的问题，很容易掺杂市场非理性因素，尤其是非同质化产品，由于其稀缺性，若再加上科技光环，更容易成为投机炒作标的。鱼龙混杂使一些NFT作品的价格严重脱离真实价值。

四是洗钱和非法资金或资产转移问题。一些高度投机的NFT产品带来的高溢价和流动性为不法分子洗钱提供了可能空间。在缺乏监管的情况下，去中心化、匿名性等特性亦可能使NFT变成跨国非法资金或资产转移的渠道。

NFT是一个新兴领域，如何更好发挥其所长，服务实体经济，避其所短，防范市场风险，需要业界、学界、监管部门集思广益，共同推进。吴志峰和岳昊江两位专家联合撰写的这本《NFT与数字经济》，深入浅出地探讨了NFT的基本概念、发展历史、市场现状、基础设施、应用生态、发展趋势、机遇挑战和监管合规，题材广泛、内容丰富、文笔生动。希望该书的出版，能对学界、业界有所助益。

自　序

NFT：独特资产的价值符号及其作为数字经济的 DNA

吴志峰

1079 年，苏轼因一句不能"追陪新进"惹上乌台诗案，此后被贬黄州。初到黄州的苏轼郁郁寡欢，以诗倾吐心境，并以行书将两首五言长诗写下来，这便有了《寒食帖》。

苏轼文列八大家，诗比辛弃疾，书冠宋四家，是历史上少有的文艺全才。被贬黄州后，他在艰难困苦中锤炼出一种洒脱舒展的人性，使自己的艺术和人生臻于化境。因此苏东坡的《寒食帖》具有无上的艺术价值，得到元文宗、清乾隆御藏。

《寒食帖》现藏于台北故宫博物院，是 1948 年原武汉大学首任校长王世杰先生从日本买回。《寒食帖》之所以流落日本，则是因 1860 年英法联军火烧圆明园而流落民间后由日本收藏家购得，日本著名的学者内藤湖南记录了《寒食帖》差点因关东大地震被烧毁的经历。再前则是乾隆御藏，御藏之前又有清朝诗人纳兰性德收藏，再之前包括元文宗、蜀州张浩首藏等，收藏的名人达十余人之多。每位藏家都会在《寒食帖》上加盖印章，被誉为"盖章狂魔"

的乾隆就有十几枚，而深藏不露的纳兰性德所盖之章甚至还超过了乾隆。有的收藏家还会在《寒食帖》上加页题记或跋，如乾隆首页题写的"雪堂余韵"。好几位藏家加了跋，包括王世杰、内藤湖南、纳兰性德，以及著名书法家黄庭坚。黄庭坚与苏轼同列宋四家，黄曰苏书如"石压蛤蟆"，苏指黄书是"树梢挂蛇"，而《寒食帖》上苏黄双书，顿显价值！这些印章和题记，不仅真实记录了这件艺术瑰宝流转的历史脉络，而且也赋予了它独有的价值。

我特别看重《寒食帖》这些印章和题记对藏品的鉴定和历史追溯的作用。每位收藏家对自己心爱的藏品盖章留痕，一串串的印章串联起历史流转的脉络，其真实性不容诋毁。这个原理就是区块链技术的先驱啊！盖的章就是时间戳，这一个个收藏家所尘封的那段历史被打包成块，由时间戳串联成区块链，挂在历史的记忆深处，成为永久不灭的痕迹。现在我们有一个专有名词来表示用区块链技术承载独特价值的数字艺术品，这就是非同质代币（Non-Fungible Token，NFT）。大家知道，区块链与数字代币（token）是孪生兄弟，著名的比特币和以太坊等区块链平台都有自己的代币，这些代币彼此同质可以互换，被称为同质化代币（Fungible Token）。但人们更常见的各种资产都有自己的特点和价值，彼此互不相同也不能互换，因此后来区块链技术中就出现了用非同质化代币来表示各种各样价值各异的资产。一般而言，同质代币可以看作非同质代币的特例。我们看到的各种艺术品的数字藏品就是非同质代币。

2021年3月11日是NFT的高光时刻，一个轰动事件把NFT带进了普罗大众的视野。这一天，数字艺术家Beeple以约6 935万美元的史上艺术品第三高的价格卖出了他的画作"Everydays：the first 5 000 days"。竞拍时间从 2 月 25 日开始连续进行了 14 天，拍卖价格从 1 475 万美元开始，逐渐抬高到 2 025 万、5 075 万、6 025 万，最终经过 353 次出价，作品以 6 025 万美元落槌，加上佣金总价为 6 934.7 万美元。根据《卫报》消息，这次拍卖吸引了全球 2 200 万人观看，来自 11 个国家或地区的 33 位竞标者参与了 353 次竞标。Beeple 的这幅作品是将 5 000 张数字图片拼接成一个 316MB 的 JPG 文件，作者从 2007 年 5 月 1 日开始每天创作并在网上发布一张数字图片，15 年来天天如此从未间断。买下这幅作品的是一个化名 Metakovan 的印度青年，在 Beeple 开始画作的 2007 年，他还是一个一文不名的程序员，由于感佩 Beeple 的坚毅和自己的成长，他最终以 43 329 个以太币买下了这幅数字画作。Beeple 对此激动不已，他在竞拍后的一则声明中表示："随着 NFT 的改变，我相信我们正在目睹艺术史下一章的开始。这件数字艺术作品的技艺、信息、细微差别和意蕴与实际画布上所做的事情是一样的。在这个历史时刻，我很荣幸能够代表数字艺术。"

自从 Beeple 这次高光拍卖后，NFT 迎来了热点不断的新时代，引发了艺术家、运动员、博物馆和大公司竞相投入 NFT 的狂潮，市面上各种 NFT 五花八门层出不穷。而在更广泛的数字资产领域，随着 NFT 的出现，终于不再局限于同质化代币，而是可以用 NFT 代表汽车等各种商品和物理资产的所有权、代表提货单和应收账款等票据、代表版权著作权和知识产权、代表收益追索权或所有权的债券与股票等等，成为代表一切有价值的特定资产的数字符号。这就使 NFT 具有无比宽广的经济含义，笔者认为，NFT 甚至具有重构全球经济架构的能力，是数字经济的 DNA。

数字经济是继工业经济之后正在盛起的经济形式，目前尚无标准的定义，一般认为它是以数据和信息作为生产要素，以数字技术为核心驱动力量，通过数字技术与实体经济的深度融合，实现经济社会的数字化、网络化和智能化的新型经济形态。目前全球经济数字化程度不断提高，数字经济规模快速增长。根据中国信通院发布的《中国数字经济发展报告（2022年）》，2021年我国数字经济规模达到 45.5 万亿元，同比名义增长 16.2%，占 GDP 比重达到 39.8%，规模仅次于美国排全球第二位。

该报告的统计数据是将数字经济分为数字产业化和产业数字化两部分得出的，前者指信息通信产业，后者指传统产业应用数字技术所带来的产出增加和效率提升。数字经济最关键是要将数据作为生产要素，赋予数据以价值，由此需要数据采集、数据确权、数据定价、数据交易和数据储存等，说到底就是要实现数据资产化。由于目前数据资产化的流程、技术和治理尚未健全，因此目前数字经济的统计仍是初步的，数字经济的发展也还是初步的。数字经济的真正发展依赖于数字资产化，而 NFT 作为数字资产的价值符号，为人们提供了推动数字经济向更深入、更广阔、更高质量发展的利器，是数字经济的 DNA。

本书是国内第一本介绍 NFT 原理和应用场景的专著。

本书主要分为三个部分，第一个部分介绍了 NFT 的基本概念及其固有的艺术性和商品属性。第一章从 NFT 的发展历史引起，进而介绍了NFT的技术和特点；第二章具体谈了艺术品与NFT的关系、NFT的商品属性所伴随的炒作投机等现象，以及未来NFT未来在影响力经济方面的潜力。

第二部分介绍了NFT的应用情况。第三章介绍了NFT的市场发展状况，海外市场从2021年下半年交易量激增，发展迅猛，国内市场从2021年末也展开了一系列有关数字藏品的探索；第四章介绍了NFT的基础设施，主要是海外各类公链和为提高交易速度和效率所产生的各种侧链，还有国内以联盟链为主的无币化区块链；第五章介绍了NFT生态应用的各类场景，涵盖交易平台、艺术收藏品、音乐、体育、元宇宙和实用NFT。

第三部分总结了NFT未来的发展机遇和挑战。第六章介绍了海外NFT金融化的现状，NFT的投资价值和证券化方面的潜力，如何去监管NFT，理解NFT在法律层面的意义，NFT作为数字资产所具备的实物资产数字化和数字孪生两个重要意义，NFT在未来数字经济中的重要作用；第七章概述了NFT的机遇与挑战。NFT充当实体经济与数字经济之间的桥梁，在数字经济中将发挥越来越重要的作用，以及目前NFT发展所面临的诸多挑战，包括金融、技术、法律和实际商业应用等多个层面。

阅读全书需要把握住一个主线——NFT根本上解决了数字资产的产权转让问题，让现实世界中的"一手交钱，一手交货"重返网络世界。交易是一切经济活动的基础，任何交易都伴随着两个过程。一方面是资金的兑付，在网络世界中，移动支付和数字货币使我们能便捷地进行资金支付，另一方面是产权的转让，现实世界中的货到付钱却在网络世界中成了重大难题。因为网络中的所有数字资产可以轻易地进行复制和备份，产权无法真正从卖家转让给买家，以至于大部分私人之间的交易等无法完成，严重制约了数字经济的发展。而 NFT 的出现，使数字资产产权的转让成为可能。依托区块链技术，NFT 在链上完成产权转让，数字资产交易成为可能，数字经济才真正有机会走向繁荣。由于数字资产交易出现，引发了一系列衍生的应用，包括在艺术、音乐、体育、游戏等各个领域。

因此，认识和理解 NFT 时，不应该仅仅看作是艺术品或者电子图片，而是一种凝结人类劳动力和创造力的数字资产。数字资产的具体表现可以是多种多样的，例如音乐、虚拟宠物、虚拟服饰等。笔者认为，随着元宇宙的快速发展，未来 NFT 将作为元宇宙的基础设施，数字资产交易活动不断增加，推动数字经济走向繁荣。笔者注意到 NFT 发展早期存在的诸多诈骗与炒作活动，政府应对其合理监管，行业建立有效规范，本书希望对 NFT 的关注者提供参考，去伪存真，帮助大家正确看待 NFT。虽然成书过程中参考了大量文献资料，但受限于笔者本人时间精力，难免有所疏忽错误，还请广大同人批评指正。

最后，特别感谢王逸明以及编辑于宇和薛宇对全书的勘误和宝贵建议，特别感谢中国人民大学学生区块链协会的诸位同学对本书的编写整理做出的巨大贡献，各章节贡献名单如下：第一章：周永康；第二章：刘天舒；第三章：张家铭；第四、第五章：刘睿衡；第六章：王猛猛、王子啸、吴嘉慧；第七章：王远哲、龚啸峰、张越洋。

目 录

引 言 · 1

第一章 NFT 基本概念

一、NFT 简史 · 003

二、NFT 技术特点 · 012

第二章 NFT 双重属性

一、NFT 艺术与商品双重属性 · 037

二、数字艺术资产的价值构成 · 039

三、数字艺术资产的市场及价格决定 · 054

第三章　NFT 市场环境

一、NFT 市场现状 · 069

二、NFT 市场发展原因 · 079

三、NFT 市场参与者 · 085

四、NFT 销售机制 · 087

第四章　NFT 基础设施

一、NFT 区块链评测标准 · 091

二、NFT 主要公链 · 094

第五章　NFT 应用生态

一、交易平台 · 111

二、艺术收藏品 · 116

三、音乐 · 129

四、体育 · 137

五、游戏和元宇宙 · 143

六、实用 NFT · 155

第六章　NFT 发展趋势

一、NFT 金融化 · 171

二、NFT 监管与合规 · 192

三、NFT 与数字资产 · 203

四、NFT 与数字经济 · 208

第七章　NFT 机遇与挑战

一、NFT 机遇 · 229

二、NFT 挑战 · 243

后　记 · 287

引 言

2019 年 10 月 24 日，习近平总书记在主持中共中央政治局第十八次集体学习时强调，要把区块链作为核心自主创新的重要突破口，加快推动区块链技术和产业创新发展。区块链在金融、医疗、文化、娱乐、军事等领域都有着广泛的应用，给中国产业转型升级带来了全新的机遇。如果说区块链技术应用是皇冠，那么 NFT 就是皇冠上的明珠，NFT 将成为产业区块链的新载体，及连接现实世界资产和虚拟世界资产的桥梁。

2022 年 7 月 12 日，上海市人民政府办公厅印发了《上海市数字经济发展"十四五"规划》(简称《规划》)。在重点任务方面，《规划》称，围绕数字新产业、数据新要素、数字新基建、智能新终端等重点领域，加强数据、技术、企业、空间载体等关键要素协同联动，加快进行数字经济发展布局。在"培育数据新要素"部分的"数字贸易"方面，《规划》提出要支持龙头企业探索 NFT 交易平台建设，研究推动 NFT 等资产数字化、数字 IP 全球化流通、数字确权保护等相关业态在上海先行先试。①

2022年10月31日，中国香港财政司（财经事务及库务局）正式发布《有关香港虚拟资产发展的政策宣言》就香港发展蓬勃的虚拟资产行业和生态圈，阐明政府的政策立场和方针。官方认同分布式账本技术（DLT）和Web 3.0有潜力成为金融和商贸未来发展的趋势，只要得到妥善监管，这些技术将能够提升效率和透明度，从而减少或解决目前在结算和支付等方面出现的问题。财库局联同负责投资推广工作的投资推广署在年度旗舰活动"金融科技周"中推出NFT发行试验计划，以推广使用NFT，政府视此NFT发行活动为一个概念验证项目，借此鼓励金融科技界和Web 3.0社群参与，并向他们展示香港推展金融创新的决心。②

一系列政策的出台，无不反映数字经济的浪潮已经到来。"十四五"规划中将数字经济定义为继农业经济、工业经济之后的主要经济形态，发展数字经济是把握新一轮科技革命和产业变革新机遇的战略选择。一方面要不断优化升级数字基础设施，建设数据要素市场；另一方面大力推进产业数字化转型，连接实体经济与数字经济。

毋庸置疑，区块链技术和NFT将在数字经济发展中发挥至关重要的作用。对于数据要素市场的建设，区块链技术可以充分调动各

---

① 上海市人民政府.上海市数字经济发展"十四五"规划［EB/OL］.［2022-7-12］. https://www.shanghai.gov.cn/hfbf2022/20220712/d3f5206dec5f4010a6065b4aa2c1ccce.html.

② 参见《有关香港虚拟资产发展的政策宣言》。

个信息主体资源互通、信息流转、数据交易，NFT 在其中将起到确权和发现价值的作用。对于产业数字化转型，NFT 将深度连接实体经济与数字经济，成为两者之间重要的桥梁。数字资产与实体资产相得益彰，相互促进。其中有两个脉络，一个是实体资产数字化，进一步降低交易成本；另一个是数字资产深入化，随着元宇宙的发展，数字资产完全可以脱离背后的实体资产而自成一套体系，在数字世界中确权、交易、流转，甚至利用智能合约等技术产生出实体世界中完全没有的新的经济形态。

NFT 的发展仍处于早期，然而短短几年已经诞生无数的新奇项目和创新想法。在一个新的蓝海市场，NFT 有足够的空间去施展和开拓，无论是理论研究，还是实践探索，都有无限的前景与机遇。读史可以明智，知古可以鉴今，本书仅以简短的篇幅对 NFT 的历史进行梳理，望广大读者能从中有所收获。

第一章

NFT 基本概念

一、NFT 简史

（一）2012—2013 年：彩色币

2012 年前后出现了彩色币（Colored Coin）。彩色币源自约尼·阿西亚（Yoni Assia）在 2012 年初的一篇博客文章。他在这篇文章中讨论了彩色币，但没有提及它们所代表的各种资产或用例。直到 2012 年 12 月 4 日，Meni Rosenfeld 发表了一篇题为《彩色币概述》（*Overview of Colored Coin*）的论文之后，彩色币的潜力似乎才被挖掘了出来。在比特币之后出现的彩色币旨在将比特币的一些优良特性从货币延伸到其他资产，比如交易的去中心化，用密码学保障的安全等。彩色币是由小面额的比特币构成的一个组合体，其中比特币的面值可以小到 1 聪（比特币的最小单位，等于 1 亿分之一个比特币）。构成彩色币的每一单位比特币之前交易的历史都不一样，因此，我们可以凭此区分任意两组彩色币。基于这个原因，彩色币成为独一无二的标识符，它的唯一性正是 NFT 所需要的。彩色币的唯一性也可以代表多种数字资产，并具有多种适用场景，下面我们来简略地介绍一下。

- 用于充当使用权凭证：比如充当电子车钥匙，或实现订阅和访问的功能等。这时，彩色币体现的就是访问功能，只不过拥有这种功能的权利是可交易的。
- 充当优惠券：彩色币作为优惠凭证，可以充当优惠券。
- 数字收藏品：数字资产的去中心化管理。彩色币可以作为艺术作品（例如绘画、歌曲、电影、电子书等）的所有权的凭证。

由于彩色币由小面额比特币构成，而比特币支持的脚本语言又是有限的，所以彩色币的功能并不能完全满足人们的需要，于是后来渐渐地退出了历史舞台。

（二）2014 年：合约网

彩色币的诞生让很多人意识到将资产发行到区块链具有巨大潜力。但是，人们也意识到，比特币本身在当前的版本中并没有提供非同质化的特性。2014 年，Robert Dermody、Adam Krellenstein 和 Evan Wagner 创立了合约网（Counterparty）。它是一个点对点（P2P）的金融平台，提供了合约币和合约币钱包，合约币是用于支付所有智能合约代码执行的货币。合约网还建立了基于比特币区块链之上的去中心化的开源互联网协议,它允许用户创建和交易任何一种数字代币,合约网可以让任何人编写具体的数字协议或智能合约程序,并且这些协议或合约可以在比特币区块链上被执行。合约网扩展了比特币功能,它在正常的比特币区块链数据块的空白处写入数据,开启了原生比特币区块链看似不可能实现的创新和高级功能之门。

(三)2017年6月:加密朋克

随着以太坊上稀有佩佩(Rare Pepes)交易量的上升,John Watkinson 和 Matt Hall 意识到他们可以创造一种原生于以太坊区块链上的独特角色。2017年6月,他们创建了一些角色人物。这些人物的总量上限为 10 000 个,并且人物互不相同。他们称这个项目为 CryptoPunks,这是对 20 世纪 90 年代影响了比特币的先驱 CyberPunks 的致敬。

CryptoPunks 是通过算法生成、具有 24×24 像素的艺术图像。大多数图像都是看起来很普通的男孩和女孩,但也有一些比较罕见的类型,如猿、僵尸,甚至是奇怪的外星人。每个 CryptoPunks 都有自己的个人资料页面,以显示它们的属性以及所有权和出售状态。

图 1.1 CryptoPunks 人物图像示范

资料来源:https://cryptopunksapp.com/。

令人惊讶的是，Watkinson 和 Hall 让拥有以太坊钱包的任何人都可以免费领取 CryptoPunks。所有 10 000 个 CryptoPunks 迅速被认领，并由此造就了一个繁荣的 CryptoPunks 二级市场，人们在那里交易 CryptoPunks。有趣的是，CryptoPunks 并未遵循 ERC-721 标准，因为该标准当时还未被发明，由于其局限性，它们也不完全是 ERC-20[①]。因此，CryptoPunks 被描述为 ERC-721 和 ERC-20 的混合体。在 CryptoPunks 之前，彩色币使用的是 ERC-20 标准，在其之后出现的加密猫则使用的是 ERC-721 标准，CryptoPunks 作为中间的一个过渡点，具有一定的历史意义。

（四）2017 年 10 月：加密猫

CryptoPunks 是以太坊上最早的 NFT 示例之一，受 CryptoPunks 的启发，ERC-721 标准被发明出来，成为日后 NFT 的主流标准，应用 ERC-721 的第一个项目就是加密猫（CryptoKitties）。CryptoKitties 于 2017 年末在 ETH Waterloo 黑客马拉松赛上由温哥华的一个名为 Axiom Zen 的工作室打造，自 2017 年 11 月 28 日上线后，在加密货币爱好者圈内掀起一阵"养猫"的风潮，它成为目前为止以太坊生态单日使用率最高的应用。

---

① 关于 ERC 标准详见"NFT 标准"。

图1.2 CryptoKitties 图像示范

资料来源：CryptoKitties，https://www.cryptokitties.col。

CryptoKitties 是第一个基于区块链的虚拟养猫游戏，游戏的主要逻辑是用户可以在游戏市场上寻找并购买自己喜欢的小猫，然后喂养它，并在许可的时间让小猫繁殖，"生"出其独一无二的新猫，然后用户可以出售小猫获取利益，或保留它作为收藏品。所有的 CryptoKitties 都存在于区块链上，每一只小猫都拥有自己独一无二的"元数据"[①]，正是元数据的不同决定了小猫的唯一性。用户购买了 CryptoKitties 后，这只猫就唯一属于此用户，其他人不可复制或出售它。小猫的元数据大概包括以下几个方面。

（1）ID：小猫是按照它们"出生"的顺序编号的，所以号码越小表明小猫是在游戏越早期"出生"的，早期的 ID 无法重新创建，拥有其中一个小猫就像拥有一段加密猫的历史。收藏家喜欢编号小的小猫，我们可以看到那些编号小的小猫的售价明显高于同类数编号大的小猫。

---

① 后文"NFT 技术本质"中会介绍元数据。

（2）世代：小猫每"繁殖"一次，世代就会加一。

（3）冷却时间：每个加密猫都知道"生孩子"是一项艰苦的工作。因此，小猫在"繁殖"后需要时间休息。这被称为"小猫的冷却时间"。加密猫"生"的小猫越多，它在繁殖之间需要休息的时间就越长。

（4）所有者：现在拥有这只小猫的用户。

（5）属性：每只小猫的外观都由其遗传密码中的独特属性（Cattributes）决定。每个独特属性都对小猫的不同特征负责，它们结合在一起就形成了每只独特的猫。在众多类别之间，有数十亿种可能的组合。

（6）父母：每一只小猫都记录着自己由哪两只猫繁殖而来。

虽然后来游戏界有人给 CryptoKitties 贴上了"不是一款真正的游戏"的标签，但考虑到区块链的设计限制，该团队其实做了很多链上游戏机制的开创性工作。比如，他们建立了链上繁殖算法，算法隐藏在一个闭源的智能合约里面，其决定了小猫的遗传密码，进而决定了它的属性。CryptoKitties 团队甚至通过复杂的激励系统保证了繁殖的随机性，并有远见地保留了某些编号小的小猫，以便日后作为推广工具。最后，他们开创了荷兰拍卖合约，后来成为 NFT 的主要价格发现机制之一。在 NFT 领域的早期，CryptoKitties 团队的远见卓识为 NFT 发展带来了巨大的推动力。

（五）2018 年：第二层游戏与体验

在加密猫之后，出现了创新的第二层游戏（Layer2 Game），即由第三方开发者在加密猫基础上开发的游戏，但它与加密猫团队没有任何关系。加密猫的神奇之处在于，这类游戏可以"无须许可"地开发：开发者只需将自己的应用叠加在公开的加密猫智能合约之上，就能开创第二层游戏。从某种意义上说，加密猫可以在原有环境之外拥有自己的生命。例如，KittyRace 允许用户和加密猫互相比赛以赢得以太币（ETH），KittyHats 允许用户用帽子和绘画来装饰其加密猫。后来，Wrapped Kitties 将加密猫和去中心化金融（Decentralized Finace，DeFi）结合在一起，让用户将加密猫变成可以在去中心化交易所交易的 ERC-20 代币，这对加密猫市场产生了各种有趣的影响，也扩大了加密猫市场的更多可能性，Dapper Labs（加密猫背后新成立的公司）通过成立 KittyVerse 来支持这些项目。第二层游戏使开发者可以在已有的 NFT 项目上进行设计，减少了新游戏的开发成本，极大程度上促进了 NFT 市场的繁荣。

（六）2018—2019 年：建设时期

在 2018 年初的一个小型炒作周期后，NFT 项目沉淀下来，人们又回到了建设中。像 Axie Infinity 和 Neon District 这样的团队，在加密猫之后不久就开始了他们的工作，他们加倍重视核心爱好者社区。NonFungible.com 建立了一个 NFT 市场的跟踪平台，并将"不可替代或非同质化"一词固化为描述这一新资产类别的主要术语。

1. 数字艺术进入 NFT

NFT 在 2018 年开始回到建设时期，艺术界在这个时候开始对 NFT 感兴趣。事实上，数字艺术天然就适合 NFT。实体艺术之所以有价值，其中一个核心部分就是能够可靠地证明一件作品的所有权，并将这件事在某个地方公示，而这在数字世界中是前所未有的。

数字艺术平台也应运而生。Super Rare、Known Origin、Makers Place 和 Rare Art Labs 都建立了致力于发现和发布数字艺术的平台。其他艺术家如 JOY 和 Josie 也部署了自己的智能合约，为自己在这个空间创造了真正的品牌。

2. NFT 铸造平台诞生

如果铸造 NFT 需要很高的智能合约开发技能，那么 NFT 就很难走进千家万户的视野。因此，NFT 铸造平台的诞生意义重大，它让任何人都能更容易地"造"出 NFT，无论他们是否具备部署智能合约的开发技能。Mintbase 和 Mintable 打造的工具致力于让普通人轻松创建自己的 NFT。Kred 平台让有影响力的人可以轻松创建名片、收藏品和优惠券。

一个名为 "Marble Cards" 的项目加入了一个有趣的变化，允许用户在 "marbling" 的过程中根据任何 URL（图片存储的网址）创建独特的数字卡片。它将根据 URL 的内容自动生成一个独特的设计和图像。使用 Marble Cards，人们可以放大自己喜欢的内容，从而引起人们对包含该内容的 URL 的关注。

3. 虚拟世界扩展

在 NFT 铸造平台诞生之后，越来越多的开发者和创作者涌入 NFT 世界，NFT 的内容因此也在不断丰富，并开始步入虚拟世界。一个被称为"CryptoVoxels"的虚拟世界项目，在 2018 年中推出了一个非常简单的 WebVR 体验，在开发者的带领下，CryptoVoxels 逐渐拓展它的世界，不断卖出虚拟世界的土地，并同时小心翼翼地确保卖出的土地与需求相当，虚拟世界中的土地所有权也是 NFT 项目。CryptoVoxels 最令人兴奋的部分是能够在虚拟世界内部展示玩家自己的 NFT。收藏爱好者已经创建了 CryptoKitties 博物馆、CryptoPunks 艺术馆、NFT 冒险日历、布满顶级 NFT 项目的塔楼，以及虚拟世界内的商店。在虚拟世界中，一切需要确认所有权的数字物品都可以是 NFT，正如现实世界中我们有许多实体物品，虚拟世界中我们有许多 NFT。

4. 去中心化命名服务

第三大 NFT "资产类别"（仅次于游戏和数字艺术）是命名服务，类似于".com"域名，但它是基于去中心化技术的。以太坊域名服务（Ethereum Name Service，ENS）于 2017 年 5 月推出，由以太坊基金会（Ethereum Fundation）资助，2017—2018 年，有 17 万 ETH 被锁定在域名中（只要竞标者本身持有域名，竞标成功的内容就会锁定在合约中）。2019 年 5 月，该团队将 ENS 智能合约升级为兼容 ERC-721，这意味着域名可以在开放的 NFT 市场上进行原生交易。

NFT 的第一次尝试是在 2012—2013 年的彩色币时代，虽然现在我们仍处于 NFT 发展的早期阶段，但以后仍会有长足的发展。下面我们来正式认识 NFT，了解 NFT 的定义和性质。

二、NFT 技术特点

（一）NFT 基本定义

NFT 是非同质化代币，基于区块链技术进行存储和交易，由其元数据作为区分标识符，NFT 具有非同质性、可编程性、可验证性、可交易性，按照技术标准可分为 ERC-721、ERC-1155、ERC-998 和非以太坊标准，在艺术、音乐、游戏、元宇宙等方面有着广泛的应用。

（二）NFT 技术本质

NFT 系统执行的主要功能就是 NFT 的铸造和交易。整个过程可以描述为：在区块链网络中，NFT 创作者开始铸造 NFT，铸造过程中需要提供 NFT 的元数据，并发送智能合约到区块链网络中，以及提供所有者证明。NFT的元数据将会被存储到链上或链下。NFT进行交易时，买家需要发送智能合约到区块链网络中，用来更新所有者、交易价格等交易信息，交易数据将被存储到区块链上。每一次铸造和交易过程都需要经过区块链上一些节点进行验证，只有在交易信息正确无误的情况下，交易才会被存储到链上，被视为"有效合法"的交易。

这些过程中含有很多NFT技术，为了更好地理解上述整个过程，下面分三个部分介绍NFT技术：一是技术组件，二是NFT标准：ERC-721、ERC-20、ERC-1155、ERC-998、非以太坊标准，三是NFT技术系统。

1. 技术组件

NFT技术组件是构成NFT技术的基本元件，共有四个组件：区块链、智能合约、地址与交易、元数据与存储。在NFT铸造和交易过程中，我们可以看到区块链技术作为一种基础设施，是NFT最底层的技术。区块链是NFT的基础，NFT是区块链技术的应用。智能合约是发布在区块链网络中的，NFT的铸造过程和每一次交易过程都需要用智能合约完成，智能合约与区块链技术相配合，保证交易不需要可信的第三方来完成。地址是配合交易而存在的，NFT交易就是NFT和资金在买家和所有者的地址之间转换的过程。元数据是NFT的"指纹"，保证了NFT能够在区块链网络中被顺利地找到，这些数据需要一个地方来存储，所以在后文中会对元数据的存储方式来进行讨论。

（1）区块链

区块链是 NFT 必不可少的一个重要组成部分，NFT 的不可替代性正源于此。区块链是一个安全共享、去中心化的数据库，用密码学的方法保护并存储了一系列数据。为了形象地了解区块链，我们可以将其分为两个部分：区块和链。区块中存储了打包好的各种数据，在 NFT 系统中，它可以存储 NFT 的元数据（NFT 的 ID、一些说明性文本、图像、视频、音频等），每次交易时的买家和卖家地址，NFT 交易的时间，交易成交的价格等。除了这些数据，每个区块中还包含一个区块头，区块头由前一个区块的哈希值（下文简称前哈希）、本区块的时间戳、本区块各种数据的默克尔根组成。因为每一个区块都含有前哈希，故可据此唯一寻址，即可唯一找到本区块的上一区块。这样一来，区块就会依据各自的哈希值串成一条链，故名"区块链"。每个区块都含有前哈希，使区块链具有易溯源的特性。所以每次交易发送的虽然是智能合约，只包含本次的 NFT 所有者和买家的地址，但因为区块链这种易溯源的特性，它可以依据当下 NFT 的所有者轻松地找到上一次 NFT 交易的智能合约，进而找到前面所有的智能合约，因此区块链系统能存储历次的交易信息。哈希算法也具有单向性和抗碰撞性，所以当有人想篡改某一次交易数据时，本区块的前哈希就会发生巨大变动。由于下一个区块含有本区块的前哈希，故也会接着发生巨大改变，进而后面所有区块的前哈希都会发生巨大改变。区块链上所有区块的前哈希是分布式存储的，因此当某一个节点的许多区块哈希值发生变动时，其他节点的区块哈希值是不会改变的，这种性质使区块链具有不可篡改的特性。不可篡改和可溯源的性质还保护了 NFT 的知识产权。基于区块链技术，NFT 的交易也变得十分安全，因为所有的数据都是透明且不可篡改的。区块链网络是一个去中心化的网络，由许多分布式节点组成，各节点根据共识机制对链上交易进行验证、确认和记录，链上的所有节点共同维护区块链系统，这种去中心化的系统克服了现在中心化交易机构基于信任交易的弊端。

区块链最初的应用是中本聪提出用的比特币，比特币使用 PoW 算法来达成在分布式网络上的交易数据的协议。但比特币的种种弊端使它在很多场景下并不适用，于是以太坊应运而生。以太坊是区块链的另一个应用，为执行智能合约提供了一个安全的环境。现在区块链技术已经广泛地应用于金融、文化、教育、艺术等领域。

（2）智能合约

智能合约的概念于 1995 年由尼克·萨博（Nick Szabo）首次提出，旨在由代码自动执行合约规定。智能合约是以太坊应用程序的基本构建块，是存储在区块链上的计算机程序，允许我们将传统的纸质合同转换为数字形式，合约参与方可以在其中执行合同中的条款。智能合约能使陌生、分散的参与者，在没有一个可信的第三方的情况下，进行公正的交流。在智能合约中运行的应用程序都基于状态转换机制，包含指令与参数的状态由所有参与者共享，从而保证这些指令和执行的透明性。此外，状态之间的转换必须在分布式节点之间保持相同。大多数 NFT 解决方案依靠智能合约的区块链平台来确保其能快捷地执行订单。

智能合约具有非常严格的逻辑，遵循"如果……那么……"的结构，这意味着它们的行为与编程完全一致，并且无法更改。智能合约有以下特性。

- 智能合约是自动执行的。当合约条件实现时，结果会自动执行，无须等待人工执行结果。换句话说，智能合约消除了对信任的需求。例如，在进行 NFT 交易时，A 答应此件 NFT 以 0.1ETH 的价格在 2022 年 2 月 12 日卖给 B，A 将其写入了智能合约并部署到了区块链网络上，当 B 已经交纳了 0.1ETH 且时间到了 2022 年 2 月 12 日时，此件 NFT 就会自动从 A 的地址解锁并锁定到 B 的地址。至此，此件 NFT 就属于 B 了。这也就是说一旦编写好了程序并且达到了合约中的条件就会自动执行，任何人无法中断或更改。

- 智能合约可以在很大程度上消除主观性。例如，两个单独的法官可能会以不同的方式解释传统合同。他们的解释可能导致做出不同的决定和产生不同的结果。智能合约消除了不同解释的可能性。相反，智能合约会根据合约代码中写入的条件精确执行。这种精度意味着在相同的情况下，智能合约将产生相同的结果。

- 智能合约也可用于审计和跟踪。由于智能合约位于公共区块链中，任何人都可以立即跟踪资产转移和其他相关信息。例如，在铸造 NFT 时，A 建立一个智能合约声明自己是 NFT 的创建者和第一所有者，并提供证明，通过大多数节点验证后，这件 NFT 就是合法的。另外，用户可以查看某个 NFT 先后属于哪些所有者地址，这就是NFT所有权的跟踪。

- 智能合约还可以保护隐私。智能合约上的所有者和买家信息都是用地址表示的，地址属于每一个人，锁定了每个人的财产，然而地址并不与真实身份联系。其他人可以看到买卖双方的地址，但却不能通过地址得知所有人的真实身份。

（3）地址与交易

在NFT网络中，NFT的交易是实现NFT由卖方交给买方、资金从买方交给卖方的过程。这些过程都是在线上完成的，那如何将自己的NFT和资金交给别人呢？为回答这个问题，地址的概念就产生了。

我们先来看一下每一个地址的生成过程。在一个区块链系统中，私钥一般是由专门的随机算法随机生成的256位二进制字符串；公钥是由私钥通过不可逆的算法生成的，即你只能通过初始值推算出结果，但是无法通过结果推算出初始值。公钥又通过不可逆算法得出地址。这里不得不提的是，因为公钥是通过不可逆算法进行运算，只能由私钥推出公钥，由公钥推出地址。反之，你知道别人的地址或者公钥，但你完全推不出别人的私钥。区块链地址是用户发送与接收资产的唯一标识符，类似于在银行消费资产时的银行账户。显然，我们可以看到，区块链网络中的地址与自己的真实身份无关。

随着引入智能合约，交易已经超出其原始的"价值转移"的定义，其更加精准的定义应该是区块链中一系列操作的数字记录。交易贯穿图 1.3 所示的各个阶段。

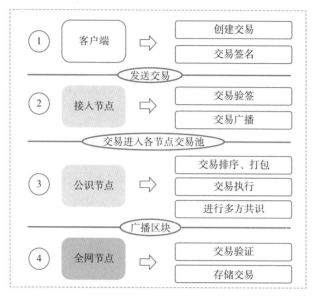

图 1.3 区块链交易的阶段流程

资料来源：https://fisco-bcos-documentation.readthedocs.io/zh_CN/latest/docs/design/tx_procedure.html。

- 创建交易和交易签名

用户的请求到客户端后，客户端会构建出一笔有效交易，交易中包括以下关键信息。

① 发送地址：即用户自己的账户，用于表明交易来自何处。

② 接收地址：需要将交易的接收地址置为链上合约的地址。

③ 交易相关的数据：一笔交易往往需要一些用户提供的输入来执行用户期望的操作，这些输入会以二进制的形式被编码到交易中。

④ 交易签名：为了表明交易确实是由自己发送，用户会向软件

开发工具包（Software Development Kit，SDK）提供私钥来让客户端对交易进行签名，其中私钥和用户账户是一一对应的关系。

- 交易验签和交易广播

区块链交易被发送到节点后，节点会通过验证交易签名的方式来验证一笔交易是否合法。若一笔交易合法，则节点会进一步检查该交易是否重复出现过，若从未出现，则将该交易加入交易池缓存，并将该交易广播至该节点已知的其他节点。若交易不合法或交易重复出现，则将直接丢弃该交易。

- 交易排序、打包、交易执行和多方共识

为了提高交易处理效率，同时也为了保证交易之后执行顺序的事务性，当交易池中有交易时，交易池会按照先进先出的顺序取出一定数量的交易，组装成待共识区块，随后待共识区块会被发往各个节点进行处理。节点在收到区块后，会调用区块验证器把交易从区块中逐一拿出来在以太坊虚拟机（EVM）上执行。执行完毕后，还需要各个节点之间同步数据，多数节点完成同步，则共识宣告完成。

- 交易验证和交易存储

区块链要求节点间就区块的执行结果达成一致才能出块，因此各个节点需要对结果进行验证，并排除非法恶意结果。在共识出块后，节点需要将区块中的交易及执行结果写入硬盘永久保存，并更新区块高度与区块前哈希的映射表等内容，然后节点会从交易池中剔除已落盘的交易，以开始新一轮的出块流程。

完成以上这些步骤之后，交易完成。

（4）元数据

以加密猫为例，我们再把前文提出的问题具体化一点：我们可以在 OpenSea 或 CryptoKitties 的智能合约上查询加密猫当下的所有者，但这些平台或智能合约又如何确定某一只加密猫的形象呢？它的名称和独有属性又是什么？这就是元数据发挥作用的地方了。元数据为 NFT 的 ID 提供描述性信息，不同的元数据是区分不同 NFT 的凭据。在 CryptoKitties 的例子中，元数据是猫的名称、图片、描述和任何附加特征（在 CryptoKitties 中称为"Cattributes"）。

总的来说，元数据就是各种描述 NFT 的信息，以保证区块链系统能够顺畅地将此件 NFT 与其他的 NFT 区分。这些描述信息的形式可以多种多样，包括文本、图片、录音、视频等。

但是，这些元数据需要一个存储的地方，或存储于区块链上，或存储于另一个不在区块链上的数据库里，下面我们来阐述元数据的存储方式。

元数据的存储方式可分为链上存储和链下存储。

链上存储，顾名思义就是把元数据存储于区块链中，同样有易溯源、不可篡改的特性。在链上表示元数据的好处有：一是元数据与代币一起永存，在任何应用的生命周期结束后仍会存在；二是元数据可以根据链上逻辑进行更改。

如果期望资产拥有远超其创建时的长期价值，那么第一点就很重要。例如，不管最初用于创建该艺术作品的网站是否仍然存在，我们都期望一件数字艺术作品 NFT 恒久永流传。这种情况下我们就会把元数据存储于链上。

此外,链上逻辑可能需要与元数据进行交互,此时,第二点很重要。以加密猫为例,加密猫的"世代"会影响它的"繁殖"速度,而"繁殖"都是发生在链上的(高世代猫"繁殖"更慢)。所以智能合约内部的逻辑需要能够从其内部状态读取元数据。这种情况我们也需要把元数据置于链上。

尽管链上存储有很多好处,但依然有很多项目把元数据存储在链下,原因是目前以太坊区块链的存储空间有限。因此,ERC-721 标准包含了一种名为"tokenURI"的方法,开发人员可以用该方法来告诉应用程序在哪里可以找到 NFT 的元数据。

function tokenURI (uint256 _tokenId) public view returns (string)

tokenURI 方法将返回一个公共的 URL,通过 URL 返回一个 JSON 数据字典,类似于上面的示例——加密猫元数据。元数据应该与官方的 ERC-721 的元数据标准保持一致,以便 OpenSea 等应用程序使用。

链上存储很直接,除了存储空间的问题几乎不用再考虑其他的问题,但链下存储却较为复杂,我们还要考虑这些数据到底该放在哪里储存,以下有两种方案可供参考。

一是中心化的服务器。最简单的元数据存储方案是在一个像 AWS 一样的中央服务器或云存储解决方案上存储。当然,这样做也有两个缺点:一是开发人员可以随意更改元数据;二是如果项目离线,那么元数据可能就不存在了。

为了解决第一个问题，我们只能用一个去中心化的存储系统，由系统或网络中所有节点共同维护数据，防止单方面独裁的出现。为了解决第二个问题，目前有几个服务（包括OpenSea）将元数据在自己的服务器上缓存，以确保即使原始托管解决方案失败，也能有效地向用户提供元数据。

二是星际文件系统（IPFS）。越来越多的开发人员，特别是数字艺术领域的开发人员，都用IPFS将元数据离线存储起来。IPFS是一个分布式的文件存储系统，允许在计算机之间保存内容，因此文件可以复制到许多不同的位置。这确保了（1）元数据是不可变的，因为它由文件的哈希唯一寻址；（2）只要有一个节点愿意托管数据，数据就会随着时间持续存在。

2. NFT标准

前文我们介绍了NFT的四个组件，这些组件是NFT网络的基础，但仅有这些基础是不够的，NFT现在能火起来的原因还在于它的标准化。标准保证了开发者建立的资产都以一种特定形式呈现，这种标准还准确描述了如何与资产的基本功能进行交互。

（1）ERC-721

在加密猫项目的引领下，ERC-721是第一个用来表示不可替代或非同质的数字资产的标准。ERC-721是一个可继承的Solidity[①]智能合约标准，这意味着开发人员可以通过OpenZeppelin库来轻

---

① Solidity是一种面向智能合约的高级语言，其语言与JavaScript类似。

松创建新的符合 ERC-721 标准的合约。ERC-721 支持以许可的方式来转移这些资产。

ERC-721 实际上比较简单。它为每一个 NFT 提供了独特的 ID，这个 ID 号码在智能合约的有效期内不可更改。合约地址（uint256 tokenId）将成为以太坊链上特定资产的全球唯一且完全合格的标识符。ERC-721 函数用于实现 NFT 在地址之间的转移。ERC-721 还提供了 ownerOf 函数，用于查找 NFT 的所有者。

```
interface ERC721 {
function ownerOf(uint256 _tokenId) external view returns (address);
function transferFrom(address _from, address _to, uint256 _tokenId)
external payable;
}
```

（2）ERC-20

ERC-721 是非同质化代币的标准，那么有没有同质化代币的标准呢？答案是肯定的。同质化代币的标准是 ERC-20，它已成为以太坊区块链上用于代币实施的所有智能合约的技术标准。ERC-20 提供了所有以太坊代币必须遵循的规则列表，其中一些规则包括如何转移代币、如何批准交易、用户如何访问有关代币的数据，以及代币的总供应量。

表1.1　ERC-20 和 ERC-721 的对比

ERC-20	ERC-721
描述货币和类似货币的代币	描述事物和类似事物的资产
不同的代币之间没有差异	所有资产都具有特定的身份，并被明确区分
可以细分，比如 0.1 个 ETH	不可分割，不能有 0.1 个加密猫

(3) ERC-1155

前文提到的 ERC-721 虽然是为 NFT 量身定制的,但它也有缺点,比如,效率太低,并且仅为不可替代的资产服务。在虚拟世界中,有一些资产是介于可替代与不可替代的,为迎合这些类型的资产并提高资产转移的效率,ERC-1155 应运而生。

我们把介于可替代性和不可替代性的称为"半可替代性"。在 Enjin 团队引领下诞生的 ERC-1155,将半可替代性的理念带入 NFT 世界。在 ERC-1155 中,ID 代表的不是某个特定的资产,而是资产的类别。例如,一个 ID 可能代表"剑",一个钱包可以拥有 1 000 把这样的"剑"。在这种情况下,调用 balanceOf 函数(查看一个钱包的余额资产的函数),将返回一个钱包所拥有的"剑"的数量,用户可以调用 transferFrom 时使用"剑"ID,来转让任意数量的"剑"。

```
interface ERC1155 {
functionbalanceOf(address _owner, uint256 _id) external view returns (address);
functiontransferFrom(address _from, address _to, uint256 _id, uint256 quantity)external payable;
}
```

ERC-1155 相对 ERC-721 更为高效。举例来说,如果用户想转让 1 000 把"剑",就需要为这 1 000 把不同的"剑"修改智能合约的状态(通过调用 transferFrom 函数)。使用 ERC-1155,开发者只需要在调用 transferFrom 时注明数量为 1 000,就能一次性完成转让操作。当然，这种效率的提高也带来了信息的损失——我们无法再追踪单把"剑"的历史。

还要注意的是，ERC-1155提供的是ERC-721的超集功能，意思就是ERC-1155可用于构建ERC-721资产。用户只需要将数量设置为一个而不是多个，ERC-1155就可以表示ERC-721的功能。由于这些优点，最近ERC-1155标准被越来越多地采用了。

（4）ERC-998

还有一些资产属于组合型，由不可替代资产和可替代资产共同组成，这种类型的数字资产既不能用ERC-721，也不能用ERC-1155，于是ERC-998标准被引进NFT世界，它为可组合型资产提供模板，NFT通过该模板可以拥有可替代和不可替代的资产。

举例来说，一只加密猫可能拥有猫窝和猫碗，猫碗里可能有一定数量可替代的"猫粮"代币。小猫是不可替代的，猫粮是可替代的。通过ERC-1155，如果用户卖掉小猫，就可以顺便把猫窝和猫碗一次性卖掉，免去了之后再单独出售猫窝和猫碗的麻烦。

（5）非以太坊标准

虽然以太坊是目前发生的大部分NFT活动的基础，但在其他链上还出现了其他NFT标准。例如，由Mythical Games团队开创的DGoods专注于在EOS上提供一个功能丰富的跨链标准。Cosmos项目也在开发一个NFT模块，该模块可作为Cosmos SDK的一部分。

3. NFT 技术系统

前文介绍了 NFT 的四个技术组件和标准，但这些目前都是独立、零散的个体。下文将介绍 NFT 系统如何运行、用户如何铸造、如何交易 NFT 等机制。

建立 NFT 需要一个用于记录的底层分布式账本，以及能点对点网络交易的交易所，这个角色由区块链来承担。我们可以将分布式账本视为一种存储 NFT 数据的特殊类型的数据库。具体而言，我们假设账本具有基本的安全一致性、完整性与可用性特征。除此之外，NFT 系统还包含另外两个角色：NFT 所有者与 NFT 购买者。我们提供了如下的详细协议（参见图 1.4）。

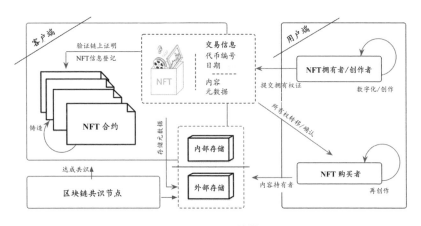

图 1.4　NFT 系统模型

资料来源：Qin Wang, Rujia Li 等。[1]

---

[1] Wang Q, Li R, Wang Q, et al. Non-Fungible Token (NFT): Overview, Evaluation, Opportunities and Challenges: 10.48550/arXiv2105.07447［P］. 2021.

- NFT 数字化：NFT 所有者检查原始文件，标题、描述是否完全准确，之后将原始数据数字化为适当的格式。
- NFT 铸造：NFT 铸造者向 NFT 系统发送一个智能合约，声明 NFT 的铸造时间、NFT 元数据等信息，并提供所有者证明。
- 铸造验证：描述 NFT 铸造的智能合约会受到验证节点的检查，当智能合约正确无误时，NFT 就铸造完成了，然后才可以进行后续的交易过程。
- NFT 存储：NFT 铸造完成后，所有者将 NFT 元数据存储到链上或链下。链上的 NFT 数据与代币标识同生共死，并参与交互；链下的 NFT 数据可获得更大的存储空间，它既可以利用中心化服务器来存储，也可以利用 IPFS 来存储。不只是元数据，NFT 的 ID、铸造日期、交易信息都被存储下来，这些通常存于链上。每进行一次交易，新的交易信息就会被添加进去。
- NFT 交易：NFT 所有者用私钥对 NFT 进行数字签名，证明自己为卖方，NFT 买家提供自己的钱包地址，证明自己是买方。在买方达到智能合约中的条款后，交易自动执行，NFT 的所有权由卖方转移到买方，并将本次的交易价格、交易日期等交易信息记录到 NFT 的智能合约中。
- 交易确认：交易信息发送到智能合约后，NFT 系统中的验证节点对交易进行验证，如果交易合法且没有重复出现，则被视为合格的交易，交易过程就正式完成。通过这种方法，NFT 将永远链接到唯一的区块链地址，作为它们持久存在的证据。

在区块链系统中，每个区块的容量都是有限的。当一个区块的容量变满时，其他交易将进入与原始数据块链接未来区块。最后，所有链接的区块将创造一个永久的长期历史。NFT 系统本质是一个基于区块链的应用程序。每当铸造或交易 NFT 时，都需要发送新交易以调用智能合约。交易确认后，将 NFT 元数据与所有权详细信息添加到新区块中，从而确保 NFT 的历史保持不变和所有权得到保留。

（三）NFT 特点

1. 非同质化

加密货币可以分为两类：同质化代币和非同质化代币。要认识"非同质化代币"这个概念，首先要与同质化代币对比学习。例如，前些年特别火的比特币，就属于一种同质化代币：每一枚同质化代币的价值、特征都相同，可以类比现实中的纸质货币，可以直接交换，计算时可以精确到小数点之后的位数。与之相对的则是非同质化代币，每一枚代币的价值、特征完全不同，它可以是一幅画、一首歌、一个域名。一般来说，不同代币之间的特征体现在它们的标识信息中，而标识信息则被储存在对应的智能合约里，也正是代币的非同质化特征吸引了众多投资者基于数字对象对其进行赋值、交易。在交易时，非同质化代币往往不能整除，而是以完整的整数个体为单位进行传输。

图 1.5 展示了资产分为了四种类型：实物可替代、实物不可替

代、数字可替代、数字不可替代。数字可替代的代币通常称为"同质化代币",数字不可替代的代币则称为"非同质化代币"。

图1.5 资产的类型

资料来源:Benjamin Hor, Khor Win Win, Shaun Paul Lee, Dillon Yap, Chin Yi Hong, *How To NFT*。

非同质化的含义可以通过一个简单的例子来理解。比如你家里养的一只小猫以及它吃的在市场上买的一袋猫粮。由于每只小猫的基因、相貌、行为方式都不同,因此它是非同质化的。请注意,同质化与非同质化受主观的影响。又如商务舱、经济舱和头等舱的机票,每张票在其类别中大致是可以互换的,但一个在乎坐在靠窗座位还是过道座位的人,可能不会认为两张经济舱的机票可以互换。同样,一枚稀有的一分钱硬币对普通人来说可能只值1分钱,但对钱币收藏家来说却价值不菲。

那么NFT又是凭借什么使之非同质化的?

我们可以在NFT的智能合约上添加一些能够证明它的独特性

和唯一性的一些信息,这些信息可以是说明文字、图像、音频、视频文件等,这些信息相当于NFT的内部基因,决定了每一个NFT是独一无二的。正是这些独特属性使NFT具有非同质化的特性。从互联网诞生之初,我们就有了许多不可替代的数字资产,如数字收藏品、数字艺术、活动门票、域名,甚至是实体资产的所有权记录。这些不可替代的数字资产我们都可以称为"NFT"。

2. 稀缺性

NFT的主要价值来自所构成代码赋予的稀缺性,所有的NFT的都是独一无二的。这点对于艺术品NFT来说尤为重要,因为作品本身的估值在很大程度上依赖于可证明的稀缺性。NFT的特点充分展现了它强大的增值潜力,因为唯一的收藏品总是比一万份同样的收藏品更有价值。从技术角度来说,这种唯一性是通过在区块链上标记数字资产所有权的唯一签名来创造的,并且区块链的不变性同样确保了它们具有合法性。开发人员可以使用智能合约对NFT的供给设置严格的上限,并强制要求在发布后无法修改NFT的属性。开发人员还可以对链进行编码,规定这些特定属性不随时间变化。除了创建限量的特定珍稀NFT,创作者也可以选择制作大量副本,类似于制作票证的方式。

3. 标准化

当NFT按一定模板铸造时,它还具有附加的、带有各种属性的元数据,包括资产名称、图像、文件的存储位置、文件类型等。

为了将不同属性集成到业务流程中，并保证其在生态系统的合作中可以互换，创作者就必须要标准化这些数据描述。通常，NFT 使用 ERC-721 等标准来创建数字生态系统，并具有一些标准化功能，包括所有权、转让和简单的访问控制等。所有 NFT 都具有这些标准化功能，开发者就是利用功能来构建自己的 NFT。通过在公链上表示 NFT，开发者建立了共同、可重用、可继承的标准。其余附加的标准（如如何展示 NFT 的规范）可以用堆叠方式置于标准体系的上层，进一步丰富应用程序的展示。

4. 交互性

NFT 的跨链交互性使 NFT 能够在多个生态系统之间移动自如。当开发者推出一个新的 NFT 项目时，这些 NFT 可以立即在众多不同的钱包提供商中查看，也可以在市场上交易，现在还做到了在虚拟世界内展示。在一些游戏中，玩家可以获取游戏对象的 NFT 并在游戏之外使用，甚至出售它们来赚钱。之所以能够做到这一点，是因为 NFT 建立在智能合约之上，智能合约规定了买卖双方之间的精确标准，在最终确定所有权的转让之前必须满足这些标准。这时，开放标准为数据的读写提供了清晰一致且可靠的接口（API）。最终智能合约的使用使所有权的转让变得简单。从整个生态领域的角度来讲，NFT 的互通性是使数字资产经济标准化，进行进一步价值创造和价值捕获的一个重要基础。

5. 可交易性

NFT 可以在开放加密的市场上进行自由交易：卖家上传一个文件到 NFT 市场拍卖。在那里，NFT 被记录在数字分类账上，利用复杂的交易功能，如拍卖、竞价、捆绑销售，买卖双方通过数字货币进行购买和出售。最终，NFT 的持有者从这些交易系统中获得收益。但是，由于数字资产的特殊性，交易时 NFT 及其映射的对象本身所有权交割和归属较为复杂。例如，艺术家创作的一件艺术品 NFT 被其他人买下，但艺术家仍然可以保留该作品的版权，可以在同一件艺术品的基础上复制更多的 NFT。所以，购买 NFT 的人并不一定获得原始数字文件的所有权，由此也就没有对该文件的独家访问权。

6. 流动性

NFT 的流动性协议包含了两种。一种是创建流动性池。用户将 NFT 存入流动性池中，可以在任何时候赎回它们，从而使用庞大的 NFT 资产流动性池构建一个更为广大的 NFT 市场。另一种是将 NFT 碎片化，例如将 1 枚 NFT 碎片化成 100 枚 ERC-20 同质化代币进行交易。这种方式降低了投资 NFT 的成本，也降低了门槛，从而提高了 NFT 市场的流动性。[①] 与此同时，NFT 的及时交易和低廉的交易费用，也带来了流动性的提升。随着 NFT 市场的持续增长和新用户的增加，NFT 的流动性问题亟须解决。NFT 市场正在致力于满

---

① 聚镁 Art0X. NFT 的金融化：如何让 NFT 更具流动性［R/OL］.（2021-12-08）[2022-02-10］. https://baijiahao.baidu.com/s?id=1718542523452282207&wfr=spider&for=pc.

足各种受众的需求,让数字资产更广泛地面向更多的购买者。

7. 可编程性

和传统的数字资产一样,NFT 也是可编程的,这主要通过底层智能合约实现。如今 NFT 拥有诸多复杂的机制,比如锻造、制作、兑换、随机生成等,其中的设计空间充满了可能性。游戏是可编程性最可能大放光彩的空间,就像加密猫曾在数字猫的合约中植入了繁殖机制一样。使用编程,NFT 可以充分实现与游戏联动、融合。创作者发行游戏道具 NFT 时,可以利用 NFT 可编程性和便携性,让游戏玩家携带代表各种权益的 NFT 进入不同场景,开发者再面向这些 NFT 开发服务设施、进行机制设计,而不必像过去那样面向一个孤立的应用场景构建产品。可编程 NFT 对开发者提出了更高的要求,也为用户提供了更接近现实的元宇宙体验。

8. 可验证和防篡改

NFT、元数据和所有权可以被公开验证。NFT 在开放的区块链分类账上注册,从而可以跟踪所有权。NFT 的所有活动也是公开的,包括铸币、销售与购买。并且,NFT 是一种防篡改的电子账本,一旦铸造,就无法编辑或删除。NFT 元数据与交易记录被持续存储,一旦交易就被视为确认无法进行其他操作。

第二章

NFT 双重属性

一、NFT 艺术与商品双重属性

投资性和增值空间是艺术市场的需求，也是数字虚拟产品市场的需求。从市场需求的角度来看，NFT 与艺术品意义相同，NFT 作为真品证书出现在艺术市场中，但它实际并不是艺术本身。当艺术市场中的购买者，将目光锁定在似乎与艺术相关的 NFT 时，虚拟艺术市场进一步扩大。值得一提的是，当艺术品的真品证书比艺术品本身更为重要时，可以认为市场对所有权更为重视；而当市场只交易真品证书，而完全不在乎其标定的艺术品时，艺术市场完全被资本占领了。

NFT 是市场发展的结果，代表着艺术品的商品化。NFT 本身与艺术无关，它是作为艺术品的所有权而标定的。NFT 的火爆可以被看作是一种市场炒作，艺术品的真品证书是市场需求。由于 NFT 的出现，真品证书从现实生活走向虚拟互联网，区块链中的凭证具有更强的透明性，真品证书与 NFT 的结合是艺术市场发展的必然走向。

NFT目前发展主要基于艺术品市场，当前火爆的NFT，其实很多艺术价值极低，有高价出现或许仅仅是因为NFT刚刚兴起，NFT成为一片投资蓝海。若一件艺术品价值极高，其以数字形式发行，无论形式是否为NFT，都能卖出高价。NFT在艺术品交易的过程中，更应该成为市场确权的工具，而不应该成为艺术品获得更高价值的原因。未来的艺术品NFT会成为艺术品市场中的常见确权手段，但艺术品的价值应由其艺术性决定。艺术品与其他商品相同，因其使用价值而消费、因其增值空间而投资，但NFT不应成为影响艺术品价值或价格的重要因素。

从另外一个角度思考，我们有必要厘清NFT的价值影响因素，并从中发掘可供借鉴的思路。在马克思主义的资产与经济学理论中，商品的价格由价值决定，价格因市场情况的变化围绕价值波动。数字艺术资产与普通商品、普通资产的价值理论相同，分析NFT数字艺术资产的价格，也要着眼于价值与市场两个方面。但与普通劳动产品不同，NFT数字艺术资产的价值更难以评判，其价值构成更为复杂，难以被普通消费者充分认知。同时，NFT数字艺术资产的市场尚不成熟，市场中的价格具有很强的模糊性与特殊性。

在价值构成方面，本章节从NFT数字艺术资产的文化艺术价值和金融价值两个方面分析，着重探讨了NFT以项目方为基础，通过"创作者经济与开源共创""粉丝经济与庞氏结构"两种经济模型的价值构成原理；在价格决定方面，本章节从"宏观市场状态"和"消费者市场感知"两个角度，分析了以消费者心理与权益认同为核心的市场价格决定原理。

二、数字艺术资产的价值构成

与传统艺术品资产相似,数字艺术资产的价值更应该在"效用价值论"的视域下分析。数字艺术资产存在于互联网,成为"资产"是因为被赋予了特定的权益,这些权益是数字艺术资产成为资产的核心原因,也应是分析其效用的关键点。同时,与传统艺术资产相比,NFT 数字艺术资产的相关效用更为复杂。

(一)NFT 数字艺术资产的艺术文化价值

1. NFT 数字艺术资产的艺术属性

与传统艺术资产相同,数字艺术资产首先是具有内容与形式的艺术品,消费者对其效用感知首先是对其艺术属性的认同。NFT 数字艺术资产的艺术属性,可以大体分为两个部分:其一是最直观的表现内容与主题;其二是对艺术性分析后得出的艺术风格。

不同的 NFT 数字艺术资产具有的不同内容与主题,从最直观的表层即可看到,包括动物、植物、人物、生活物品、字母符号、虚拟事物等。例如有些 NFT 系列以猫为主题(加密猫),有些以猿猴为主题(无聊猿游艇俱乐部,BAYC),有些以哥布林为主题(Goblintown),有些甚至直接以透明像素为主题(It's Nothing)。消费者对 NFT 数字艺术资产中的内容有差异化需求与偏好,NFT 数字艺术资产的直观内容主题是其价值构成的重要部分。不同 NFT

数字艺术资产具有的不同表现方式，即艺术风格。例如较为火爆的 NFT 项目 BAYC 是平面化动漫风格，Azuki 项目中的 NFT 图像为日系动漫风格，CryptoPunks 项目为像素风格。艺术风格也对应着不同的消费者偏好，这也是 NFT 数字艺术资产艺术价值的重要组成部分。

值得一提的是，在创作者经济与粉丝经济社群共创的 Web 3.0 语境下，以 BAYC 为代表的 NFT 项目为其限量发行产品的购买者提供 NFT 商用权，允许对 BAYC 进行二次创作。经过二次创作的"无聊猿"图像被赋予新的内容，并产生了新的艺术风格，极大丰富了市场中"无聊猿"主题的 NFT。

2. NFT 数字艺术资产的文化属性

在艺术属性方面，NFT 数字艺术资产的文化属性会为消费者带来更深层次的效用。NFT 在以去中心化为精神内核的 Web 3.0 世界中诞生并发展，存在于种族、国家、民族、组织等现实社会中的固有身份，在去中心化、平等的互联网上被淡化甚至消逝后，虚拟世界使 NFT 带有更强的个性化文化属性，使 NFT 成为跨种族、跨文化的多元融合的文化集中体。NFT 数字艺术资产中的文化符号能带来消费者的亚文化身份认同，也能响应消费者相应的文化需求。NFT 数字艺术资产的文化属性可分为两个部分：一是图像本身的文化属性；二是背后项目方"使命与愿景"的文化属性。

（1）NFT 数字艺术资产图像的文化属性

NFT 数字艺术资产的文化价值与传统艺术资产相同，不同图像中含有不同文化内涵。

在亚文化身份认同方面，将 NFT 数字艺术资产图像作为社媒头像是当下较为流行的展示方法。同时，基于元宇宙、GameFi 的 NFT 项目大多都是用户身份的象征或价值取向的标定。NFT 图像成为个人的身份标识，代表着个人的文化认同与社会圈层，图像中的文化身份锚定是 NFT 的重要效用。例如 NFT 数字艺术资产项目 Azuki 中，项目方列出了种族（Type）、特征（Special）、衣服（Clothing）、手持物（Offhand）、头发（Hair）、帽子（Headgear）、面部装饰（Face）、头部装饰（Neck）、眼睛（Eyes）、嘴部（Mouth）、耳朵（Ear）、背景颜色（Backround）等，消费者可以在这些列表中选择丰富的选项，寻找符合自身文化认同的头像。

在文化需求方面，与传统艺术资产相同，NFT 数字艺术资产也具有"满足文化需求"的效用。例如腾讯幻核与敦煌研究院合作发行的敦煌文创"纵歌仙阙"数字壁画系列数字藏品，描绘了第三视角下的净土见闻，共分为 8 种藏品，分别是梵音初闻、喜诵无量、欢心纳舞、不鼓自鸣、无翼而飞、神鸟和鸣、普渡善信、极乐净土。不同数字藏品中的图像内容不尽相同，不同购买者可根据每张作品的主题情节、画面人物来选择。腾讯幻核与龙门奇妙物合作发行的洛阳龙门数字石刻系列数字藏品共 8 种，包含大佛、菩萨、天王、飞天、金刚、神龙、狮子、供养人，不同形象对应不同的佛教寓意，购买者选择时一定会有差异化的文化需求。腾讯幻核与中国文化传媒新文创（IP）平台合作发行的十二生肖数字画票系列数字藏品，分别以十二生肖为主题，购买者更多会考虑对应的生肖文化认同。

（2）NFT 数字艺术资产项目的文化属性

NFT 不仅是图像本身，还与其背后的项目有非常强的关联。评估 NFT 文化价值不仅要考虑图像，更要考虑其背后项目的文化属性。在 Web 3.0 世界中，项目的文化基因（Meme）极其重要，文化基因的概念类似传统品牌的 IP。NFT 项目的文化属性是其粉丝与社群形成的原因，不仅能够成为吸引消费者的要素，更可以成为社群维系成员、提升顾客忠诚度与黏性的手段。

NFT 项目的文化基因往往以项目背景故事产生世界观，并以艺术图像的形式表现。故事叙事是 Web 3.0 领域营销的常用方式，在产品未成形前，通过讲好故事吸引第一批用户加入。例如，一个 NFT 项目的背景故事是一群老鼠在混乱都市地下的冒险生活，其 NFT 图像则是各种各样的老鼠形象。这些具有背景故事的 NFT 可以发展为普通 Web 3.0 游戏或 GameFi。游戏往往都会蕴藏一个背景故事，游戏的吸引力很大程度受背景故事精彩程度的影响。例如 Web 2.0 时代的《王者荣耀》《英雄联盟》，这些游戏在多人在线战术竞技游戏（MOBA）的基础上往往为每个游戏角色引入背景故事，并形成统一的世界观，这对玩家有极强的吸引力并提升游戏的可讨论性。再如自由探索类游戏《GTA》《原神》《我的世界》等，都有背景故事或游戏给定的故事线索，甚至很多游戏完全是在给定的故事线内完成闯关。这些以故事叙事吸引消费者的模式，都可以被应用在 NFT 的营销中。

一些 Web 2.0 企业甚至在以线下产品为主的品牌发行 NFT 时，应继续延续其文化基因，根据自身 IP 打造 NFT，从而扩展业务、出圈破圈、进军 Web 3.0。例如 NBA 发行的以球星精彩进球瞬间为内容的 NBA TOP Shot、Adidas 发行的"无聊猿"穿着其服饰的 NFT、Nike 发行的鞋类盲盒 MNLTH NFT，都基于原品牌文化基因。

面对 NFT 项目的文化基因，很多消费者虽然对 NFT 图像不感兴趣，但由于十分喜爱该项目所代表的 IP 或亚文化，也会完成购买行为。非投机性的购买群体，大多数都是 NFT 所代表的亚文化的粉丝群体，这些人愿意为其文化认同买单，文化基因是 NFT 艺术文化价值的重要组成部分。

（二）NFT 数字艺术资产的金融价值

1. 项目——NFT 的价值生成背景

NFT 数字艺术资产的发行依赖于其背后的项目。目前，NFT 发行方大致可分为两大主要类型：一是专注于发行 NFT 的项目方；二是以 NFT 为其产品的一部分的其他 Web 3.0 项目方。

第一种项目方专注发行数字艺术资产项目的 NFT，可以理解为是在网络上（区块链中）发行数字化艺术品，这种 NFT 与传统市场中的艺术品只有物质形式和交易空间的差异，价值产生的逻辑与传统艺术品较为接近，也就是说消费者完全根据文化艺术属性和使用欣赏属性来进行投资。第二种项目方所发行的数字艺术资产项目的价值不仅来自其文化艺术属性，Web 3.0 生态背景为 NFT 数字艺术资产带来更多金融特性。此时的 NFT 数字艺术资产不仅是一个视觉艺术产品，其价值与背后项目有着高度关联性，NFT 数字艺术资产成为以艺术视觉效果为表现形式的金融证券。这类 NFT 数字艺术资产大体可分为三种：作为治理手段的 NFT、作为非艺术类项目的 Web 3.0 项目的 NFT、作为元宇宙或 GameFi 内容的 NFT。

（1）作为治理手段的 NFT 数字艺术资产

此种数字艺术资产仅是具有艺术效果的视觉图像。非同质化代币的治理可分为"项目融资手段"与"项目管理手段"，NFT 数字艺术资产的价值或价格往往根据其背后项目方的融资情况和社群运营情况而定。

在项目融资手段方面，很多 Web 3.0 的公司以去中心化的自治组织（DAO）的形式进行组织，与现实世界相区别，组织内成员的分红、盈利、表决等权利并非以"股票"权利的形式实现，而是以 Web 3.0 生态中的代币数量实现。代币的持有与现实生活中的股票持有类似，代币为持有者带来了相应数量和质量的权利。在 Web 3.0 融资实践中，投资方常常以购买项目方的代币为形式完成投资，很多 Web 3.0 项目更倾向于发行差异性更强的 NFT 而不是同质化代币（Fungible Token，FT）作为其初始融资产品。项目方往往采用以相同价格发行一批 NFT 数字艺术资产，将发行一定数量的 NFT 作为其产品或治理手段，投资者通过购买其中一定比例的 NFT 作为投资，这部分用来购买 NFT 的资金将会流转至项目方手中。同时，未被购买的 NFT 价格与投资方因投资而持有的 NFT 价格相同。例如，某 Web 3.0 项目正处于一轮融资阶段，以投资者购买其发行的 NFT 为方法进行融资，发行 1 000 份等价 NFT。此时投资者愿意投资价值 100ETH 的资金同时获得项目方 10% 的"股份"，这相当于投资者以 100 ETH 的价格购买了项目方的 100 个 NFT，此时该项目的 NFT 单价即为 1ETH。其他愿意为该项目投资并获得相应"权益"的投资者，会随着该项目方市场行为和行业走势，为该项目提供不同的投资，该项目的"市值"（NFT 的单价）也会因此波动。在这种路径下，融资行为为项目方的 NFT 带来了价值，NFT 虽然本身可能并非该项目的主要产品，但承担了"股票"的身份，使 NFT 数字艺术资产包含了更多证券属性。NFT 数字艺术资产的价值并非完全与表面的视觉艺术效果对应，其价值更多来自其背后 Web 3.0 项目的情况，因此对这类 NFT 进行价值评估，应更多专注于对背后项目的考察，以市场投资者的视角评估具有"投资"意义的数字资产。

需要强调的是，NFT 数字艺术资产与同质化代币类似，都能成为代表股权的证券凭证，但 NFT 的非同质化属性，为相关权利的行使提供了极大的便捷。与同质化代币相比，NFT 数字艺术资产往往是更好的项目管理的手段。

在项目管理手段方面，NFT 数字艺术资产是背后项目方进行 DAO 或社群管理的极佳手段。在项目的 DAO 或社群组织中，不同身份的人持有不同的 NFT，NFT 数字艺术资产标定了其持有者的身份。从宏观上看，在巨大的 Web 3.0 生态世界中，NFT 为持有者标定了类似国籍或准入凭证的项目身份。从微观上看，在某个具体 Web 3.0 项目中，持有不同 NFT 的人具有不同的等级身份。NFT 持有者成为其社群的准入者，持有者具有该项目的决策投票权，也具有该项目产品的更高访问权限。在项目内部，不同层面的决策需要不同社群成员参与，不同 NFT 的持有者具有不同的投票参与权。NFT 数字艺术资产可以为项目内部进行人员区域划分，类似其"工牌"或"名片"。在项目的工作实践中，往往需要为 DAO 成员分工。例如，在一个以开源知识库为主要产品的 Web 3.0 项目中，DAO 的具体工作可以划分为内容产出、社群运营、社媒宣传、市场营销等部分，根据 builders 的具体分工为其发放代表其工作区域的不同 NFT 以标定身份，这些 NFT 的持有数量代表了其在相关区域的决策权。一些 DAO 中的决策并不需要全体成员参与，相关决策将以智能合约的形式规定只有 NFT 持有人能够参与。再如某个"内容产出"相关的决策需要全体 DAO 成员参与，但相应工作区域的人因对该事务具有更高的了解程度，在该工作区域 NFT 持有者可以带来更高的决策权。NFT 数字艺术资产不仅可以标定成员的工作区域，也可以标定持有者的身份等级。Web 3.0 项目可以使用双代币经济模型：一个代币通过持有数量代表投票权，一个代币代表身份等级，身份等级代币为投票代币的决策权加权，双代币最终决定某个成员的决策权。同时身份等级代币还可以成为项目某些产品或活动的准入凭证，持有高身份等级代币的成员可以访问项目的更多产品，可以参与项目方举办的特定活动。因此，作为管理手段的 NFT 数字艺术资产是身份的证明，其价值更多来自项目的质量和相关身份的效用。

　　NFT 数字艺术资产作为背后项目的治理手段，无论是融资还是管理，都具有证券或身份凭证的性质。从整个 Web 3.0 生态来看，不同项目方发行不同的代币实现融资，这些代币就成了非同质化代币。从单个 Web 3.0 项目来看，不同身份的 DAO 或社群成员持有不同代币，这些代币也具有了差异性。为能够代表 NFT 本身或身份属性的视觉样式，这些 NFT 往往被项目方精心设计，因此它们带有艺术属性。但此时，NFT 数字艺术资产的价值核心并非其艺术性，艺术性仅仅是背后项目方金融或治理手段的视觉表现形式，背后的项目情况是判定其价值的主要依据。

（2）作为非艺术类项目的 Web 3.0 项目产品的 NFT 数字艺术资产

这类 NFT 生成的核心目的，是作为背后项目主要产品与功能的载体，NFT 往往仅作为产品在 Web 3.0 世界的呈现形式。NFT 作为能够进行交易的非同质化代币，无限的差异化属性使其成为 Web 3.0 世界中的商品。很多 Web 3.0 项目愿意为其产品设计具有艺术性的外表，NFT 具有了艺术性并可以被视为数字艺术资产。此时的 NFT 可以理解为设计品，而非传统的艺术品，就像传统线下商品一样，多数商品会被设计包装，NFT 数字艺术资产此时是核心产品的包装，NFT 是产品的附带品。对这类 NFT 数字艺术资产的购买，更多是对核心产品的购买，艺术性的外表仅仅是为产品锦上添花。例如以 Web 3.0 内容为主要产品的项目（平台）Mirror，内容创作者在平台上发布文章，并将文章的文字部分铸为 NFT，喜欢该文章的阅读者可以购买文章对应的 NFT 完成"打赏"，以此支持文章作者的创作行为，并与作者产生类似粉丝或投资者的关系。这类 NFT 在 Web 3.0 世界中还有很多，NFT 是线上加密行业中商品的极佳形式。同时，因为线上虚拟事物的非消耗属性，这些线上的 NFT 商品并不会因为使用或时间的流逝产生损耗或折旧，这使 NFT 更有机会成为稳定存在的"资产",有着极大的增值空间与可能性。对于在市场上流通的这类 NFT,更多人会根据其背后项目或产品的质量与前景给出价格预期,购买者更关注 NFT 资产增值的可能性。作为产品包装物设计品的 NFT 艺术资产,其中能发生变化的价值是背后的项目与产品,而非已经固定不变的艺术性设计表面。因此,对这类 NFT 的估价也需主要考虑其背后的项目情况。

(3)作为元宇宙或 GameFi 内容的 NFT 数字艺术资产

此种也是 NFT 数字艺术资产的常见形式。与前两种相同,NFT 背后的项目是其价值的主要来源,但作为元宇宙或 GameFi 内容的 NFT 与艺术性关联更强。元宇宙或 GameFi 本身就是具有空间景观或装备设施的生态场景:元宇宙是再现或模拟现实生活的线上空间,元宇宙的用户模拟线下生活,在元宇宙生态内购买商品或资产,NFT 正是区块链 Web 3.0 生态中的典型商品载体。元宇宙项目会模拟现实生活,用户可以购买形象、服饰、房产、汽车、装备等商品或资产,但与现实生活不同的是,元宇宙的线上资产与现实脱节,完全无法成为具有真正使用价值的商品。脱离使用消费属性的线上 NFT 资产的购买者,往往以投资作为主要动机。由于元宇宙中的 NFT 商品只有视听等感知途径,其艺术效果成了重要的价值评判标准,但前景较差的元宇宙项目中的 NFT 资产即使非常美观,用户也不会购买。

GameFi 中的 NFT 资产与元宇宙类似,主要实现了游戏装备的差异化,但本质上仍以项目背景为主要价值来源,以项目前景为主要增值空间,一定程度考虑视觉艺术效果的 NFT 数字艺术资产。

相比于融资与治理的纯功能性、项目产品包装的纯附加性，作为元宇宙或 GameFi 内容的 NFT 数字艺术资产可以更多考虑 NFT 本身的艺术价值。

在对上述三种 NFT 数字艺术资产估值时，对艺术性的考虑会逐步增加，但其根本价值来源依旧是背后的项目质量与前景，这与传统艺术品市场对艺术家和艺术品艺术性的考量不同，所以对 NFT 数字艺术资产的价值评估首先要评估其背后的项目情况。从属性上看，此时的 NFT 不仅与艺术性相关，更多是作为具有艺术视觉效果的金融手段或证券代表。从购买者心理上看，此时的 NFT 更多是作为非艺术类的投资品，而非传统类型的艺术商品。

2. 社群——NFT 的价值赋予者

从项目生产 NFT 并为其赋予价值的角度看，项目方的社群完成了 NFT 数字艺术资产的价值创造和价值实现两个环节。社群成员既是项目的内容生产者，也是项目的粉丝，Web 3.0 的社群是 NFT 数字艺术资产生产、营销和购买的主力，社群是 NFT 的价值赋予者。去除项目方本身的经营情况和营销行为对 NFT 产品的价格影响，社群作为 NFT 的价值赋予者，其状况是 NFT 数字艺术资产价值评估的重要关注点。社群作为内容生产者，对 NFT 的价值创造作用可以基于"创作者经济与开源共创"模型进行思考。社群作为内容与亚文化的粉丝，对 NFT 的价值实现作用可以基于"粉丝经济与庞氏结构"思路进行分析。

(1) 创作者经济与开源共创

创作者经济是一种基于互联网的新经济模式,指独立的创作者通过互联网平台或社区发布原创内容,并以此获益。在 Web 2.0 生态中,创作产品并不完全属于创作者自身而是属于平台,同时,平台决定了哪些内容可以被展示,平台成为创作者与网络公共空间的中介式"看门人"。这些体现了 Web 2.0 内容平台的中心化属性。一方面,中心化平台中介会对创作者产生内容规训,一定程度造成创作者创新匮乏;另一方面,中心化平台作为受众与创作者连接的桥梁,赚取了粉丝为创作者付费的大量分成,导致互联网创作者容易陷入"中产阶级陷阱"。此外,中介式的平台也造成了受众与创作者之间的隔阂。

在艺术领域,这种中心化平台的弊端同样显现,例如国内众多艺术家极其看重全国美展。全国美展官方作为中介机构选择创作内容,画家为了参展,更多按美展愿意接受的主题进行创作。美展的观众一方面被官方的筛选限定了能看到的作品主题,另一方面被策展者限制了在展陈空间与欣赏逻辑上的自由选择权利。传统互联网上的艺术创作与此相同,创作者的作品被中心化平台打上标签进行分类,并被平台以大数据形式分发给可能的受众,受众也因此无可避免地进入信息茧房。尽管 Web 2.0 生态中的创造者经济有很多因中心化而产生的问题,但 Web 2.0 平台对创作者也有着内容引导与粉丝扶持的作用。无论如何,中心化的平台分别聚集了大量的创作者与受众,并以中介的形式成为二者的桥梁。虽然中心化平台起到一定程度的沟通作用,但难免在一定程度上阻碍了两者的联系,并将两者的边界鲜明划分。

Web 3.0 生态的去中心化属性在一定程度上解决了平台中介造成的各种问题。去中心化创作打破了创作者与受众之间的明确界限，使两者都作为某个亚文化的兴趣者共同存在于社群中，创作者可以是作品的受众，作品的受众也可以参与该亚文化新产品的创作，项目或平台起到人群聚集和维系的作用，但并不会对作品本身进行干预。

例如，目前世界最大的 NFT 交易平台 OpenSea，允许创作者不设门槛随意发行 NFT，这些 NFT 也将直接面向所有 NFT 受众。NFT 项目"无聊猿"的火爆，也可以用创作者经济模型分析。项目方允许"无聊猿"NFT 的购买者进行二次创作，无疑使亚文化的范围不断扩大，其社群与粉丝的规模也不断增长。对于整个"无聊猿"文化圈，允许所有持有者进行二次创作并商用，是一个开源共创的过程，原版"无聊猿"的受众成为拓展"无聊猿"的创作者，例如"NBAYC"项目方将持有的"无聊猿"进行二次创作，加入 NBA 球衣与篮球元素，这种对"无聊猿"的再创造实际上是 BAYC 将亚文化的增添权利赋予原始受众。开源共创的本质是在对文化基因认同的基础上共同搭建开源社区，受众在创造过程中实现对亚文化社区的贡献，身份从受众上升至亚文化新板块的创作者。开源共创以此循环，实现亚文化的不断扩张，并使亚文化中心"源项目"的项目有着越来越大的影响力与增值潜力。

Web 3.0 解决了内容筛选与分发平台"看门人"对内容创新阻碍的问题，实现了去中心化。同时，NFT 能够明确网络事物的所有权归属，使作品的所有权完全被创作者所有，而非平台所有。所有权转移的 NFT 交易使 NFT 作品的文化价值与体验更直接地转移到购买者手中，粉丝实现了物质和精神与创作者的双重对接。Web 3.0 将资产端的权属与工作量证明严格透明公开标定，为开源共创提供了技术环境的支持。开源共创将源 IP 思路、设想、图像等作为共创之源组织亚文化群体，群体成员作为源 IP 的粉丝继续完成 IP 的实现与扩展。这是包括 NFT 在内的 Web 3.0 创作领域的价值生产途径。

（2）粉丝经济与庞氏结构

如前文所述，NFT 的创作与价值实现依靠基于文化基因的亚文化社群，从另一个角度看，社群成员是创作者的受众与粉丝。在价值创造后，NFT 的价值实现与附加可以根据粉丝经济与庞氏结构的逻辑进行分析。

粉丝经济是基于吸引粉丝并拉动粉丝群体消费的经济模型，在 NFT 领域，粉丝源自文化基因的认同。NFT 项目发行前，往往会先讲好背景故事，树立项目的发展路线图，形成贯穿产品链条的世界观，这些是项目文化基因的塑造，项目方通过文化基因所代表的亚文化吸引第一批社群用户进行宣传，并吸引这些粉丝购买 NFT。通常项目方会为这一批粉丝提供优惠，通过各种 NFT 价格优惠活动让粉丝在社群中增加活跃度，活动会基于幸运粉丝白名单价格优惠、免费铸造、实物空投等利益诱惑开展，当这些粉丝获得优惠并购买 NFT 后，项目的庞氏结构正式开始。随着项目方的经营，项目的文化基因通过营销手段实现更广泛的传播，使越来越多本就对相应亚文化感兴趣的人成为粉丝，既有粉丝也会通过个人的人际传播实现新粉丝的拉拢，往往在此时，项目的社群成员（即其粉丝量）会呈现指数级高速增长。新进入社群的粉丝大多也愿意购买 NFT，项目方在发放几轮 NFT 的同时，继续开展抽奖类的优惠活动以提升社群活跃度。在全部 NFT 发行完成后，NFT 的价格将完全由市场掌控，粉丝经济开始实现 NFT 的价值附加。

往往第一波铸造的 NFT 价格，是项目方与首批粉丝间达成的均衡价格，该价格更接近 NFT 的真实价值，但随着粉丝人数及市场需求量的增加，原本均衡的市场开始转为卖方市场。一批接一批的粉丝随着文化基因与亚文化的扩展进入市场，先购买 NFT 的人会以更高价格在市场报价。下一批粉丝为了能够持有 NFT 实现文化认同，愿意购买已经涨价的 NFT，并且相信下一批进入社群的粉丝愿意以更高的价格购买，能够从中获利。在此逻辑下，市场上的均衡价格越来越高。在粉丝量不断增加的过程中，项目的文化基因越来越强、社群规模与活跃度越来越大，NFT 的流动性越来越强。这些作为 NFT 项目优劣的评估指标，使 NFT 有着更强的市场优势。但以文化基因为基础的亚文化粉丝数量是有上限的。某种文化的认同者往往有限，随着粉丝量指数级增长，总会达到极限，价格已被炒到高点的 NFT 要求更高的购买门槛，粉丝量与 NFT 价格此时达到峰值。由于最后一批持有者无法找到新一批粉丝高价购买，只能低价出售，而项目中已经赚过钱的人看到市场走低后往往不会再次购买。此时，NFT 的价格会出现断崖式下跌，下降至能够吸引亚文化群体的散客。

目前，NFT 项目大多以此种庞氏结构呈现价值规律，实现长期增长的NFT往往依靠粉丝加入，持有者也会为了扩大亚文化边界与影响力，进行新一轮的文化附加，以吸引更多粉丝加入。NFT的价值也在此过程中创造、实现与附加。

三、数字艺术资产的市场及价格决定

（一）宏观市场状态

1. Web 3.0 生态整体经济状态

市场行情会被宏观经济状态影响。对于一件NFT数字艺术资产，其上位市场是NFT行业，再上位市场是Web 3.0生态。从上至下，每一等级的市场状态都会影响NFT数字艺术资产的价格。

由于NFT是在所有权上制造稀缺，但从图像的使用权看，依旧可以被全部互联网用户使用，人们并不愿意为其使用权付费，仅以所有权为购买标的的NFT投资和金融属性极大。人们购买NFT的动机更多源自增值期望，作为投资品而非消费品的NFT数字艺术资产，Web 3.0生态的经济状态极大影响着人们是否愿意进行NFT的相关投资。Web 3.0生态的经济状态主要受Web 3.0主流货币的状态影响，例如以太币、比特币以及一些流动性较高的稳定币，这些代币的价格波动代表着Web 3.0市场的走势。Web 3.0生态基础的NFT所在区块链情况，也是NFT价格波动的背景。区块链的分叉与合并等变动,都会在一定程度上造成 Web 3.0 市场的总体波动。同时,NFT 行业也会产生波动,NFT 作为 Web 3.0 生态的一个分支方向,人们对 NFT 这一具体赛道的态度也有所影响。随着 NFT 领域的研究逐步深入、参与 NFT 市场的人数逐渐增多,越来越多的人认识到目前 NFT 的泡沫性,很多人不再愿意向 NFT 赛道投资。但也有些人摸索到 NFT 行业的规律,即使整体处于熊市,也能找到能够增值的 NFT 项目个例。

从 Web 3.0 整体经济状态到 NFT 行业的发展形势,NFT 数字艺术资产的宏观经济背景会影响人们面对市场或具体 NFT 资产的态度。从现实货币到加密代币再到 NFT 商品,人们会根据"买涨不买跌"原则进行相应的购买。分析 NFT 的市场价格,应该关注其所处的 Web 3.0 生态背景和 NFT 行业的宏观经济走势。

2. 政策与监管

除去 NFT 市场本身的形势与走向,相应国家或地区在 NFT 领域的政策与监管,也极大影响着 NFT 的购买和铸造行为,从而影响 NFT 数字艺术资产的价格。

我国政府禁止 NFT 的二级市场交易,否定 NFT 购买者的实际所有权,并将国内的数字艺术资产命名为数字藏品。同时,国内 NFT 并不铸造于与世界接轨的公链上,而是在国内区块链企业的联盟链上完成铸造。我国政府出台文件呼吁国民高度警惕数字藏品金融化、证券化倾向,从严防范利用数字产品进行非法金融活动,建议国民在数字化时代善用数字藏品的正向价值,远离炒作。我国政府愿意将数字藏品视作低金融、低杠杆、低风险、低炒作的文化艺术商品。目前 NFT 泡沫巨大，我国对数字藏品金融性的否定实际上有利于使国民远离炒作 NFT 带来的金融风险。由于国内没有公开的 NFT 二级交易市场，国内 NFT 数字艺术资产的定价权完全掌握在发行者手中，仅有一级交易的寡头市场虽然遏制了金融泡沫等风险，使其定价机制与传统艺术品类似，但缺乏供求均衡的市场依旧存在价格失真等问题。

（二）消费者的市场感知

1. 市场受众分类

NFT 数字艺术资产市场的受众，往往可以根据资产持有量和对市场的了解程度分为三大类：巨鲸（Whales）、小白（Degen）和意见领袖（KOL）。

（1）巨鲸

从整个 Web 3.0 市场看，巨鲸持有大量不同的 NFT 或 FT，资产价值极高，他们的大规模抛售或购买会引起整个市场的巨大波动。例如 2022 年上半年出现的 Terra（以 LUNA 代币为 UST[①] 做背书的算法稳定币项目）的崩盘，就是由于持有大量 UST 的巨鲸进行抛售，算法稳定币资金池中微妙的平衡被破坏，流动性减少，使

---

① UST 是 Terra 区块链上的稳定币。它试图通过套利将其价值保持在 1 美元。UST 没有保留美元资金储备，而是使用 Terra 区块链的本地加密货币 LUNA 买卖来维持其 1 美元的价格。

用户对 LUNA 和 UST 的信任度大幅降低，最终使市场上越来越多的持有者抛售 UST，最终导致 LUNA 和 UST 在死亡螺旋中双双价值归零。从具体某个 NFT 项目的持有看，一些 NFT 项目方会购买自己发售的 NFT，以此完成操盘和控制市场价格。因为某个 NFT 在市场中的价格并没有被完全规则化，同时因 NFT 具有艺术性且个体差异极大，所以 NFT 的价格往往并没有所谓"共识"，市场中的投资或投机者往往会关注近一段时间内的 NFT 流动性和价格变化趋势，来分析该 NFT 项目是否会为其带来收益。因此，很多 NFT 项目会由自己操盘，类似项目方通过价格不断增高的"左手倒右手"的交易，制造 NFT 流动性较强且增值的假象，吸引市场购买。此时，NFT 项目的巨鲸就是项目方本身。

NFT 项目的巨鲸也可以是非项目方的普通市场投资者，持有或经手大量不同 NFT，持有资产价值或盈利数值极高，这代表其有极高的市场洞察力，同时因持有资产数量大，其买卖行为也会影响市场。巨鲸购买的 NFT 往往会升值，而巨鲸抛售的 NFT 往往会贬值。

相比现实生活中的股票市场，基于区块链的商品市场更加透明化。因此，市场中的动向更容易被关注者捕捉并知晓，巨鲸的动向是分析 NFT 价格很好的切入点。

（2）小白

NFT 数字艺术资产市场大部分受众都是小白。由于 NFT 盛行时间较短，NFT 市场并没有被透彻地研究，大部分市场受众都处于相对迷茫状态。对于具有艺术性的 NFT 数字艺术资产，个体间审美欣赏兴趣差异巨大，市场中并没有针对其艺术性定价的公认原理。同时，针对NFT金融性部分，普通消费者难以了解NFT背后的项目方情况。大部分市场中的购买者完全是以跟风的心态进行投机，他们并不了解NFT价值产生的原理，更不清楚NFT是否会增值，仅是根据"买涨不买跌"的原理投资。甚至在没有二级交易市场的中国大陆，即使购买者并不能享有完整的所有权，依旧有人趋之若鹜。

小白消费者往往会根据其完成交易的数量和入行时间，实现自身认知和提升投资能力，但绝大多数小白并没有像"巨鲸"那样的购买实力。这些普通购买者占据了市场中的大部分交易量，但其交易的价值总量并不一定占据大部分份额。这部分购买者虽然是NFT项目流动性的主要贡献者，但他们依然是在NFT市场中任由摆布的人，其个体行为并不能对市场价格产生巨大的影响。在项目开始火爆直至死寂归零的时间里，这些作为市场最普通消费者的小白，贡献了某个项目的均衡价格，然而这个价格也是被巨鲸和项目方操纵的。

（3）意见领袖

KOL是NFT数字艺术资产市场中的意见领袖。NFT市场的大部分购买者由于对NFT的价值与价格机制并不了解，难以全面获得并分析整体NFT市场的数据，更无法深入了解某个具体的NFT项目情况，除了通过关注NFT项目价格的实时走向外，更多会通过关注NFT市场中意见领袖的购买建议完成市场交易行为。

相比传统艺术品市场，基于区块链的数字艺术品市场本就有着互联网的优势。在交易数据方面，所有的交易行为都被公开透明地记录在区块链上，以交易信息为核心的市场信息成为可被完全收集并分析的数据，使数字艺术品的市场分析比传统艺术品的市场分析更方便且准确，造就了一批基于 NFT 交易数据分析与处理的意见领袖。区块链的透明化交易也使这些意见领袖的投资建议有了更高的可信度。

在舆论引导方面，相比传统艺术品市场，意见领袖的舆论引导基于互联网空间。NFT 项目方在互联网上进行项目产品的宣传，项目的预售、空投、白名单、正式售卖、营销等相关信息大多会在社交媒体、官方网站、社群平台上发布，使项目与意见领袖可以在互联网上产生极好的联动。意见领袖可以很容易地通过提及、话题、转载、引用、点赞、评论、关注等手段，在社交媒体上直接完成粉丝与推荐 NFT 之间的桥梁搭建。同时，意见领袖投资建议的质量、意见领袖本身的水平也能在有记录、可评价的社媒平台上判别，NFT 市场的关注者可以随时在社交媒体上观察意见领袖此前的投资建议是否可信，也可以从意见领袖的粉丝量、评论区等方面观察其他人对意见领袖的认可度。

类似于 Web 2.0 电商中的"主播带货"，NFT 行业的意见领袖可以是 NFT 的资深从业者，也可以是其他领域的知名人士，他们都能够通过对粉丝的宣传实现意见引导作用。NFT 的项目方可以自己成为项目领袖，也可以开设一个看似与项目本身无关的社媒账号，一边对自己的 NFT 项目操盘，一边对外界宣称自己的 NFT 可以增值，从而收获大量粉丝和利润。大部分无法辨别市场情况的 NFT 购买者，愿意相信网络上意见领袖的市场分析，跟随意见领袖的投资建议购买或出售，而购买行为带来的流动性增加或减少又进一步提升或降低了 NFT 的价值和火热程度，NFT 价格也会随之变化。由于 NFT 市场更多是投资品的金融市场，价格与火热程度呈正相关关系，火热程度与消费者购买频次高度相关，消费者购买行为很大程度依据意见领袖的建议，因此，意见领袖的行为能为 NFT 市场价格带来巨大影响。

2. 项目运营营销

NFT 数字艺术资产的发行项目方通过营销手段，提升对消费者的吸引力，提升其满意度和忠诚度。互联网的 NFT 项目方往往通过平台运营、社媒运营与社群运营三个方面，提升消费者对 NFT 项目的认可度。

（1）平台运营

平台运营主要是指 NFT 项目的官网运营。官网是项目方整体介绍其项目的主要场所空间，其中值得关注的是使命愿景、路线图（Roadmap）等信息。

一些 NFT 数字艺术资产项目会为其自身设立使命与愿景，官网中更多展示的是其背后的人文关怀或行业推动。一些 NFT 关注女性议题；一些 NFT 关注人种问题，其图像更多与肤色平等相关。这些有关人文关怀的"使命愿景"会吸引一批受众对其进行消费，这些购买者或许对 NFT 本身并不喜爱，而是以购买行为支持项目方的人文关怀。一些 NFT 背后是推动 Web 3.0 发展的其他项目，如前文所述，一些 NFT 的发行方仅将 NFT 作为其产品的一部分或治理手段，NFT 并不是其核心产出。这些项目方更多关注 Web 3.0 生态的其他领域，NFT 的发行目的更多是为了核心业务的更好发展。消费者会因认为背后的项目具有发展前景而购买 NFT。

路线图展示了项目的发展思路与规划，其中的信息将会影响 NFT 的价格。路线图不仅说明了项目目前正在做的事情，更展示了接下来将会发生什么。例如项目路线图表明在下一季度进行融资，NFT 项目大概率会在下个季度增值，这将是吸引消费者购买 NFT 的一个因素。当然，很多 NFT 项目的路线图在某个日期戛然而止，若项目方不对其更新，大概率会在路线图截止时期开始"摆烂"，项目方将不再对 NFT 进行营销，完全由市场推动交易的 NFT 大概率会发生贬值。

（2）社媒运营

NFT 数字艺术资产项目的社媒与社群运营，是项目方通过营销提升 NFT 价格的常用手段。NFT 数字艺术资产诞生于网络，其生产、消费和整个交易市场都基于互联网，因此其营销手段也是基于互联网的营销。

由于 NFT 的火爆主要基于粉丝经济和文化基因"认同的庞氏结构，项目的粉丝量与粉丝活跃度是评判项目优劣和所处阶段的极佳关注点。

NFT 项目的主要社媒阵地是推特（Twitter），大部分 NFT 项目都会建立一个 Twitter 账号并在上面发布、更新信息。其中会有项目不同阶段的发售通知、项目合作的活动通知、白名单或空投的活动公告等，项目方也会发送具体的 NFT 并讲述其背后的故事或艺术特色，当某个 NFT 以较高的价格交易后，项目方往往会发布 Twitter

以表庆祝。从项目方的 Twitter 中，可以根据其粉丝量、推文的互动量、与 KOL 的互动量等判断该项目的火热程度和粉丝的忠诚度。项目方在 Twitter 上发布信息的频率和质量，也代表着项目方在营销方面的用心程度，往往频繁发布推文的项目处于上升阶段。

（3）社群运营

社群是 NFT 项目方聚集粉丝的空间，常见的社群平台是微信群和 Discord。区别于项目方发言、粉丝互动的社媒模式，社群内部每个人都可以是发布信息的主体，社群是与项目方相关话题的粉丝自由讨论空间。社群内讨论内容的范围并不局限于 NFT 项目本身，与 Web 3.0 生态相关的其他话题也可以自由讨论。在一些较为火爆的 NFT 项目社群中，成员会互道早安晚安，并分享讨论个人生活的趣事等。包括 NFT 行业在内的 Web 3.0 生态中，粉丝的增长和社群的活跃度极为重要，两者分别对应粉丝群里的数量与质量。基于互联网的商品、品牌、市场，社群极容易将其粉丝和支持者聚集。项目方建立社群空间的成本极低，粉丝加入社群以获得优惠或活动信息的门槛同样极低，这使社群几乎可以涵盖项目方的所有用户，几乎所有有意愿或曾经参与过该项目产品交易的人都会加入社群。因此，NFT 项目的社群越活跃，也代表着发行的 NFT 流动性越强，其增值空间越大。

3. 消费者心理

（1）消费者对稀缺性的消费意愿

NFT 数字艺术资产价值的根本来源是人为制造稀缺，消费者对此有不同的态度。主要分为两个方面：一是对所有权稀缺的认可度，二是对稀缺程度的感知。

NFT 数字艺术资产售卖的是数字图像的所有权，图像包括观看、欣赏甚至部分使用的权利依旧归于全体互联网受众。不同人对享用所有权的消费意愿有所差异。一些人购买 NFT 并不是为了其金融性的增值，而仅仅是为了名誉性地拥有后使用，例如将自己购买的 NFT 设置为头像。这些非商业、非盈利的使用需求，实际上并不需要通过购买 NFT 而实现。以金融投资并获取利益为主要诉求的购买者的确对所有权有极高的需求，他们处于交易市场中，也必须认同 NFT 的规则与逻辑。但在目前互联网环境中，知识付费、内容付费等在网民尤其是在中国网民中并未形成共识，互联网中盗版等违反著作权的行为屡见不鲜且缺乏监管，以非金融性诉求而购买 NFT 的行为与内容付费差异较小，对"为使用而购买"的消费者心理仍需调研。

NFT 的稀缺性程度对应购买者的不同态度，可以分为两个部分，一是 NFT 项目发行总个数，二是具体 NFT 中各元素的稀缺程度。目前国外的大多 NFT 项目的每个具体 NFT 图像有所差异，项目方一般发行一万个及以下样式不同的 NFT。国内数字藏品大多以系列的形式发行，项目方可以发行很多个系列 NFT，每个系列中有几种样式的 NFT，每种样式发行几十、几百或几千份样式相同的数字藏品。国内项目主要考虑 NFT 发行总个数带来的稀缺性，如果将相同的图像以 10 万份发送，可能不会出现抢购的情况，甚至有些可能面临无人购买的问题。类似于传统限量限时的商品，合理制定限制数量能够有效激发消费者的购买欲望。而国外的 NFT 更多存在某个图案元素的差异化稀有度，比如 Azuki 项目的 NFT 头像，不同 NFT 中的人物有不同肤色，稀有度最高（0.97%）的"虚幻化"（spirit）的平均售价比稀有度较低（90.18%）的"人类肤色"（human）的平均售价高出多倍。类似 Azuki 头像，很多 NFT 图像可以被拆分成不同的具体元素，项目方为元素的不同样式设计差异化的稀有度。随着多个元素的叠加，一些 NFT 将会有极高的稀缺性，这些 NFT 往往会有较高的市场价格。

（2）消费者对 NFT 权益认知的差异

早期 NFT 项目仅以艺术性图像本身为卖点，尽管其蕴含着 Web 3.0 发展的前景，但更多人购买仅仅是为了其艺术性。随着 NFT 的发展，更多项目愿意通过为其 NFT 产品赋能以提升价值，在不断打造自身 IP 的基础上，为 NFT 的持有者赋予其他权益。很多时候，这些附加权益的价值已经超过了 NFT 的艺术价值本身。

如前文所述，NFT 作为项目的治理手段或产品，具有极大的附加价值。同时，由于粉丝经济，持有 NFT 代表着能够进入某个社群，NFT 成为具有荣誉标定的身份象征。例如著名的无聊猿猴游艇俱乐部就是一个以社区为主要卖点的 NFT 项目。购买"无聊猿"NFT 的人可以进入社群，加上"无聊猿"项目方的营销手段，很多 BAYC 的购买者是各个领域的明星和大咖，其社群的吸引力飙升。很多 Web 3.0 项目在 DAO 组织中发行 NFT，一方面，NFT 作为治理代币，让持有者能够享有相应的投票权，另一方面，NFT 作为身份代币，能代表持有者在 DAO 组织中的身份等级或准入权限。

"Pass 卡"类的 NFT 也是作为附加权益的 NFT,可以被理解为"准入凭证"。例如某位歌星开演唱会,购买其 NFT 的人才能入场,作为"门票"的 NFT 权益可能比其艺术性本身更具吸引力,这些因素成为消费者购买的主要原因。同时,很多 NFT 是其背后元宇宙或 GameFi 项目的产品,消费者购买的主要目的可能是其背后项目的相应资产或权益,NFT 仅仅是其包装或出售形式而已。

对 NFT 数字艺术资产进行价值和价格评估,应该分析其艺术属性、金融属性、权益等方面各占据消费者需求诉求的比例。NFT 如果只是有艺术性的权益凭证,其价值则应完全考虑其背后项目的权益价值。

第三章

NFT 市场环境

一、NFT 市场现状

（一）海外市场

1. NFT 日渐火爆

（1）NFT 市场成交额激增

通过调查流向 NFT 市场的资金，我们发现从 2021 年到目前为止，用户已向 ERC-721 和 ERC-1155 合约发送了价值约 269 亿美元的加密货币，这两种类型的以太坊智能合约与 NFT 市场和收藏相关。我们看到发送的总价值和平均交易规模都有显著增加，这表明，NFT 作为一种资产类别在吸引新用户的同时，也在获得价值。

从 NFT 交易的历史状况来看，在 2018 年底的 CryptoKitties 泡沫之后，与 NFT 互动的独立账户数量呈缓慢且稳定地增长的趋势，从 2018 年 2 月的约 8 500 个账户增加至 2019 年 12 月的超过 20 000 个账户。市场似乎是由一个"庄家"在推动。在 OpenSea 上，中位卖家已经卖出了价值71.96美元的商品,而平均卖家已经卖出了价值1 178美元的商品,这表明有大量的强力卖家。需要注意的是,像官方游戏账号这样的大账号确实会拉高平均值。OpenSea买家平均买了价值943.81美元的商品,中位数的买家平均买了价值42.72美元的商品。

图3.1 2021年NFT市场交易量

鉴于市场尚处于早期阶段,衡量市场是否增长的最好方法是看一个领先指标,即开发者对该领域的兴趣。在过去的一年里,随着新的开发者进入该领域,主网ERC-721合约的数量呈指数级增长,在2019年6月达到1 000个。

(2)成功的NFT收藏品成交额巨大

如果分析单个NFT收藏品在历史时间上的成交额,我们会发现:在当前NFT热潮之前成立的CryptoPunks,一直是最受欢迎的NFT收藏品,自2021年3月以来交易量超过30亿美元。此外,我们发现一些收藏品虽然经历短暂但规模庞大、交易活动激增,却从未获得持久的人气与关注。例如，Hashmasks 在 2021 年 7 月 4 日那一周的交易价值超过 3.8 亿美元。在研究的时间段内，该系列的交易额没有任何一周超过 9 570 万美元，整个时间段的平均每周交易量略低于 2 100 万美元。

（3）NFT 已经实现全球化

我们还可以通过查看流行的 NFT 市场的网络流量数据，以检索世界上大多数 NFT 用户的所在位置。可以看到来自多个地区的网络访问量非常大，其中中亚、南亚、北美、西欧和拉丁美洲处于领先地位。这些数字表明，与传统的加密货币一样，NFT 已在全球范围内普及。

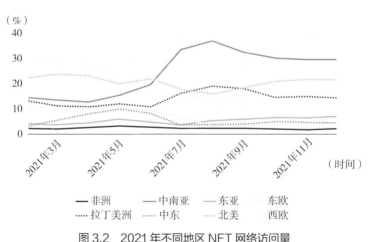

图 3.2　2021 年不同地区 NFT 网络访问量

（4）每周活跃的 NFT 收藏品数量不断上升

数据显示，NFT 收藏品数量从 2021 年 7 月开始快速增长，2021 年 10 月处于稳步增长状态。在 2021 年 11 月初的小幅下降之后，增长再次回升，并一直持续到 2021 年年底。截至 2021 年底，活跃的 NFT 收藏品数量为 3 264 个，是迄今为止最高的数字，高于 3 月初的 193 个。

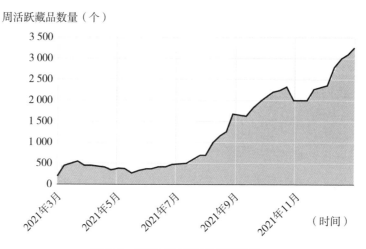

图 3.3　2021 年 NFT 收藏品数量

2. NFT 交易比加密货币更受零售驱动

（1）按交易量划分 NFT 交易

我们按交易成交额大小对 NFT 市场中的交易进行划分：低于 1 万美元成交额的交易称为零售级别；1 万—10 万美元成交额的交易称为收藏家级别；高于 10 万美元成交额的交易称为机构级别。

我们发现零售规模的 NFT 交易占据成交量的大部分，而收藏家和机构规模的交易量则相对较少，但是仍能看出后两者占比在日益上升。截至 2021 年 12 月 26 日当周，NFT 收藏家规模的交易量已占 NFT 所有交易量的 10%，而 2021 年 1 月初还不到 1%。机构规模的交易平均每周约为 580 笔，占所有转账总额的 0.6% 以下。

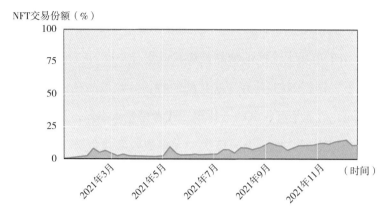

图3.4 2021年NFT交易份额（按交易量分）

（2）按交易额划分NFT交易

如果就交易额而非原始交易量而言，NFT收藏家规模和机构规模的交易发挥了更为突出的作用。具体来说，NFT收藏家规模的交易额（1万—10万美元）占据2021年NFT交易额的60%。机构交易（超过10万美元）占交易活动的30%，而零售规模的交易占10%。

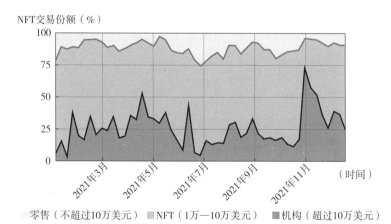

图3.5 2021年NFT交易份额（按交易额分）

（3）不同种类 NFT 在市场中的占比

在 NFT 市场上交换的物品被组织成集合，即 NFT 集。在大多数情况下，这些 NFT 具有一些共同的特征。收藏品在性质上可能大不相同，可能是可收藏的卡片集，或者是艺术杰作，抑或在线游戏中的虚拟空间，性质差异巨大。大多数收藏可以分为六类：艺术、收藏品、游戏、元宇宙、功能型 NFT 和其他。我们按照每个类别的唯一资产（n）数量显示了前 5 名收藏。

通过测量不同的 NFT 类别对整个 NFT 市场规模的影响发现，截至 2018 年底，市场完全由艺术类别主导，特别是 CryptoKitties 系列。从 2019 年 1 月开始，无论是在交换总量还是交易数量方面，其他类别开始流行起来。总体而言，2019 年 1 月—2020 年 7 月，90% 的 NFT 交换总交易量由艺术、游戏和元宇宙类别共享，分别贡献了 18%、33% 和 39%。从 2020 年 7 月中旬开始，市场数量主要由艺术类的 NFT 主导，从那时起，NFT 做出了贡献，占总交易量的 71%，其次是可收集资产占比 12%。然而重要的是，在考虑交易数量时，市场构成是完全不同的。自 2020 年 7 月以来，交易最多的 NFT 属于游戏和收藏品类别，各占了 44% 和 38%。相反，只有 10% 的交易与艺术类 NFT 有关。总体而言，我们观察到，自 2020 年以来，艺术支出的份额一直在增长，而其交易份额一直在下降。数量和交易之间的差异表明，与其他类别相比，艺术类的价格平均更高。

（4）不同种类 NFT 的价格差异

通过查看 NFT 价格在各个类别之间的分布，进一步研究这些差异，我们发现这些价格分布广泛。平均销售价格低于 15 美元的

NFT 占 75%；大于 1 594 美元的占 1%。与其他类别相比，艺术类、元宇宙和功能型 NFT 达到了更高的价格，其中顶部 1% 平均出售价格分别高于 6 290、9 485 和 12 756 美元。需要注意的是，这些类别的大小不同，因此 1% 的资产分别对应艺术类、元宇宙和功能型 NFT 类别中的 8 593、472 和 78 个 NFT。到目前为止，艺术类的资产达到了最高的价格，其中 4 个 NFT 的售价超过 100 万美元。

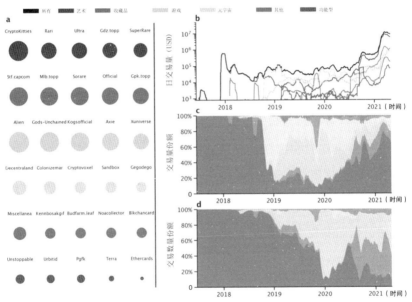

注：(a) 按类别排列的前 5 个 NFT 收藏（按资产数量排列）。每个圆圈的大小与每个收藏中的资源数成正比。(b) 每一类别和所有资产的每日交易量（美元）随时间变化（见图例）。交易量低于 1 000 美元的日期未显示。(c) 按类别分列的交易量份额。(d) 按类别分列的交易份额。图中数值在 30 天的移动平均值。

图 3.6　NFT 收藏品概况

（5）NFT 交易网络

交易者如何相互交流？是否有核心角色？我们采用网络科学方

法解决这些问题。我们构建了交易网络,其中节点是交易者,如果前者(买方)从后者(卖方)处购买至少一个 NFT,则存在从交易者到另一个交易者的定向链接。每个链接都有一个权重,对应买家从卖家处购买的商品总数。

首先,我们通过关注节点的属性来研究单个 NFT 交易者的行为。我们发现了如下四个特点。

第一,交易者的活动是高度异质的。交易者(节点)的强度定义为每个交易者的购买和销售总数,作为幂律分布。$P(s) \sim s^{\lambda_1}$ 带指数 $\lambda_1 = -1.85$,仅前 10% 的交易者就执行了所有交易的 85%,并且至少交易了 97% 的资产。

第二,交易者的强度与活动总天数 d 之间存在超线性关系,其中 $s \sim d^{\lambda_2}$ 和 $\lambda_2 = 1.28$。结果显示,对于长期活跃的交易者来说,每日交易的平均数量更大。

第三,交易者也是专业化的。通过衡量个人如何在集合中分配交易,我们发现交易者在其顶级集合中至少执行 73% 的交易,而在前两个集合中至少执行 82% 的交易。

第四,强度和专业化之间的关系不是单调的。最专业的交易者往往有很少(少于 10 个)或很多(超过 1 万个)交易。例如具有以太坊地址"0xfc624f8f58db41bdb95aedee1de3c1cf047105f1"的交易者,可以交换数以万计的加密猫。当分别考虑购买和销售行为时,类似的关系也成立。

（二）中国市场

中国 NFT 市场与国外有很大不同，由于 NFT 属性没有定性，缺乏相关部门的监管与约束，中国 NFT 发展较为谨慎小心。相较于国外 NFT 的明显金融投资品属性，国内的 NFT 发展有明显的交易市场属性，且没有二级市场，从各种手段上杜绝 NFT 的炒作行为。也许在未来，传统企业会介入 NFT 市场，助力 NFT 行业发展，那时中国需建立完善的交易规则并且开放二级市场允许自由买卖。

1. 典型市场

目前中国 NFT 市场仍处于起步摸索阶段，国内主流的 NFT 发售或交易平台主要包括阿里拍卖、蚂蚁链粉丝粒、幻核和 NFT 中国。

阿里拍卖的数字拍卖频道由数字版权交易和数字藏品两部分构成。数字版权交易频道已经于 2021 年 8 月 15 日上线，其所售拍品在基于版权联盟区块链"新版链"上进行交易与确权认证。数字藏品架构于蚂蚁链和树图链，涉及艺术品、体育、电竞等多个领域，数字藏品版权归作品版权方所有，购买者只能出于非商业目的使用。与传统拍品不同的是，购买人可获得除署名权等人身权以外的作品版权，版权过户 90 天后才被允许再次转让版权。

蚂蚁链粉丝粒是支付宝开发的一款小程序，其 NFT 收藏品在阿里的蚂蚁链上进行确权和交易，数字收藏品版权归发行方或原创者所有，而购买者仅获得非商用使用权，且流动性受限，购买者仅可在持有藏品 180 天后将 NFT 藏品无偿转赠他人，且不允许交易。

目前已有 10 余款 NFT 上架蚂蚁链粉丝粒。

幻核 App 是腾讯旗下 PCG 事业群于 2021 年 8 月推出的 NFT 售卖平台，其基于腾讯的至信链进行 NFT 的铸造与发行，平台规定购买者无作品版权，购买者购买数字藏品仅用于收藏，不支持转赠和转售。

NFT 中国是一家专业的集 NFT 艺术品上链、推广、交易于一身的综合性平台，于 2021 年 5 月 20 日正式上线。上线火爆且反应良好，一周内 NFT 艺术品上线数量突破千件。截至 2021 年 8 月 6 日，合作海内外画廊机构百余家，签约合作艺术家逾 2 000 位。截至 2021 年 8 月，平台总交易额、签约艺术家数量等多项核心指标均处于行业领先位置。与阿里、腾讯等大厂的 NFT 平台采用的链不同，NFT 中国采用的是以太坊公链，是目前国内首个且唯一一个去中心化数字资产交易平台。

2. 中国市场 NFT 项目涉及领域和形式多样化

在项目创作层面，我国较早的 NFT 项目是 2018 年 2 月原百度金融（现度小满金融）推出的一款区块链游戏《莱茨狗》，该项目模仿当时最火的 NFT 游戏 CryptoKitties。目前国内的 NFT 主要以个人艺术家的艺术创作为主，这些数字艺术作品是个人艺术家实体作品的数字复制版本或原生数字艺术创作，主要在阿里拍卖和 NFT 中国两个平台进行出售。团队创作的 NFT 项目只有百余款，但涉及的领域以及映射的数字内容形式较为多元。阿里拍卖平台的数字收藏品覆盖体育、电竞、潮玩等多个领域。在电竞领域上，LOL 电竞俱乐部 RNG 发行 RNG 幻彩系列限定队员卡牌；潮玩领域发行了潮流滑板系列《浪潮》之铃兰，提供数字凭证兼实体滑板藏品，数字认证编码同时印刷在实体滑板上。

蚂蚁链粉丝粒从 2021 年 6 月 23—24 日联名敦煌美术研究所、知名国产动漫《刺客伍六七》推出 4 款 NFT 付款码皮肤开始，截至 10 月 11 日共发行了 6 款 NFT 付款码皮肤和 9 款 NFT 收藏品，其中收藏品涉及文创、影视、动漫、运动等多个领域，数字内容形式包括音乐音频、卡牌、3D 手办等。

幻核 App 目前仅联合发行了两款 NFT。第一款《有声十三邀》是国内首个由视频谈话节目开发的数字音频类数字藏品，第二款《万华镜数字民族图鉴》是中华传统民族文化题材的动画类数字藏品。2022 年 6 月，网易文创旗下三三工作室发行其首个 IP 向 NFT 作品"小羊驼三三纪念金币"。2021 年 7 月，网易旗下游戏《永劫无间》IP 授权澳大利亚 NFT 发行商 MetaList Lab 发行"NARAKA HERO"系列 NFT 盲盒，上线于币安 NFT 市场。

二、NFT 市场发展原因

（一）环境因素——新冠肺炎疫情成为 NFT 的发展机遇

新冠肺炎疫情为 NFT 发展提供了机遇。为了恢复经济，刺激市场重新繁荣，西方各国采用宽松的货币政策，这使市场上流动资金增加，人们不再青睐低回报率的融资方案。同时，也有一些投资者比较激进，喜好高风险，这使加密货币金融市场得以兴起。

新冠肺炎疫情蔓延成为比特币等虚拟资产与区块链繁荣的背景。NFT资产由于其本身的不可复制性，使之具有一定的收藏价值。在国内，腾讯和阿里推出的NFT收藏品和付款码皮肤，不仅在艺术性上有极高的价值，并且兼具虚拟产品所特有的容易存储、便于展示等特点，所以它们本身的纪念意义比现实的收藏价值还要高，受欢迎程度也远超同类型的实体产品。

（二）市场情绪

"元宇宙"概念在2021年成为市场关注的焦点，世界各个市场都非常关注元宇宙的初始模式和最终形态。大多数业内专家都认为，元宇宙的最终形态将是一个集合了大量国内外厂商的集合体，在这样的集合体之下，元宇宙会成为多极化的宇宙，而不同国家中占市场头部地位的游戏厂商仍将继续保持头部地位。NFT作为已经获得大量共识价值的代币，可以在元宇宙的概念中扮演重要角色。

名人效应的炒作也使NFT的发展加速，比如斯蒂芬·库里（Stephen Curry）和其球迷一起更换BAYC的头像、NBA球队也相继推出了相应的NFT门票、甚至中国国际数码互动娱乐展览会（ChinaJoy）也有类似NFT的门票形式。这些门票不仅具有传统门票的功能，而且由于永久记录在区块链上，在使用之后，依然有收藏等功能。

（三）供求关系

1.需求侧：NFT 价值共识形成

由于 NFT 难以复制，使得大量复制的盗版行为减少。并且新推出的 ERC-1155 和 ERC-998 协议使 NFT 可以碎片化，具备了一定的同质化的特性，提高了流动性、自身复制和传输的效率。过去几年中以比特币为首的同质化代币价格飙升，吸引了大量资金流入，但这些虚拟货币并没有与现实对应，其价值也无现实依存而仅有市场共识决定，且面临监管困难与安全问题，使得这些 NFT 碎片有价值迅速下跌的风险。但 NFT 在现实中有实体物品对应，可以作为存储现实资产的载体，比如艺术品或其他金融资产等，对比同质化货币的极强投机属性，NFT 可以依存共识亦可作为现实价值的载体，从而更具备价值商品的特性，价值更稳定，也具备更强的激励特性，应用范围更广。

2.供给侧：基础设施健全和创作群体持续蓬勃发展

由于以太坊链频繁网络拥堵，给用户造成不好的体验，NFT 的基础设施建设完善迫在眉睫。众多项目方联合开发健全基础设施，为 NFT 未来的发展奠定了坚实基础。

Flow 是由 Dapper Labs 专门开发的，为支持 NFT 收藏品和大型加密游戏等事物而设计的公链。早期以太坊链上项目加密猫已转移到 Flow 链上，实现了应用程序的可组合性、链上存储和消费者应用加密技术——用户可以添加新功能、基因、繁殖组件和可扩展性，并且不影响收藏者的核心信任。除了加密猫，由 Dapper Labs 开发的 NBA Top Shot 也迅速转移到 Flow 链上，Flow 逐渐形成了大量的创作者群体。

除了 Flow 链还有大量其他服务于 NFT 的基础设施建设，包括 Ardor 区块链、Rootstock 和 xDai 等，这一切都为 NFT 的创作者生态繁荣创造了基本条件。因为这些基础设施的完善，NFT 的创作者从 2020 年 8 月开始，达到了 2018 年以来最为繁荣的状态。来自 Nonfungible 的统计显示，一级市场的出售交易数已经达到了巅峰。受一级市场的带动，二级市场也达到了市场最繁荣的状态，整体供给端实现全面繁荣，充分助力 NFT 的崛起。

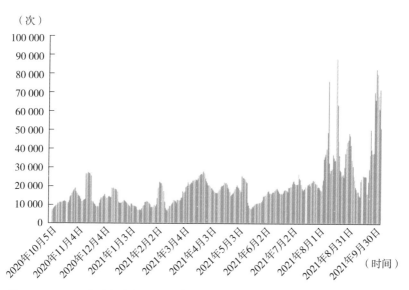

图 3.7　NFT 一级市场发起出售数（2020 年 10 月 5 日—2021 年 9 月 30 日）

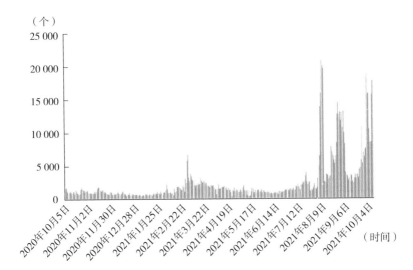

图 3.8　NFT 二级市场发起出售数（2020 年 10 月 5 日—2021 年 10 月 4 日）

3. 参与者网络和 NFT 生态系统扩大

尽管 NFT 是区块链技术的应用，具有去中介化的优点，且 NFT 被定义为这项技术的一个基本目标，但在更广泛的 NFT 市场中，仍有许多明确、可识别的中介服务提供商在运营。这些中介机构促进了铸造过程，确定了市场规则，为 NFT 和它们引用的底层文件或内容定义了技术法律制度。它们还执行条款中规定的私下订购规则，该规则规范市场的日常运作。这些市场经营者通常会通过推广属性，执行原创标准，为基础作品提供模板版权许可（在 NFT 指向的文件中），检测版权欺诈和监督铸币行为，以及部署通知和行动机制，删除或禁用对非法或与条款冲突的内容访问。

支持 NFT 交易的最著名的服务提供商，根据 NFT 中介的功能和主题兴趣确定了以下类别：为所有铸造的 NFT 开放市场的平台；以收集为基础的市场平台；作为策划市场运作的平台。

为初步说明，需要注意的是，所有这些平台在本质上都是双重的，在某种程度上，它们运行的可以被称为前端和后端。在前端，它们像在线市场一样运作。例如，OpenSea 市场显示了无数待售的 NFT 的信息。它的功能是公布关于 NFT 交易的对象、创造者、价格和潜在版权状态的所有必要信息，并与潜在买家进行协调交易。在后端，它们的运行方式类似于运行在区块链网络上的去中心化应用程序（dApps）。任何提供铸造或交易加密货币的市场都必须与一个或多个底层区块链进行交互，并要求使用数字加密钱包进行账户注册。

（四）NFT 的本质

1. 去中心化

由于 NFT 是建立在区块链技术之上的，它们不受中央权威的约束，这使得它们无须信任和独立。区块链技术使买方能够跟踪 NFT 的所有权和真实性。因此，这项技术不提供复制或操纵资产所有权的空间。

2. 简单有趣

收集数字艺术、游戏内资产（剑、服装）、卡片和 NFT 小猫的过程是一个非常容易掌握且有趣的过程，并且不需要任何金融基础知识。操作员将他们与用户界面的整个交互视为一个有趣的游戏，并因为所有权可能获得情感价值。

ERC-20 和 ERC-721 的原始创建者 Fabian Vogelsteller 在公开采访中说道：这些标准最初是为有趣的社区代币（艺术、时尚和娱乐）创建的，而不是最近在 DeFi 的金融应用。

NFT 实现了以太坊建设者的最初想法，解决了让人们用相同的模式收集绘画和花瓶等不同收藏品。具有不可变所有权记录的对象的可视化对用户具有心理吸引力。

3. 稀缺性和投资吸引力

NFT 是独一无二的且具有稀缺性，程序员开发的数量非常少，从而增加数字资产的市场价值。

稀缺物品的定价是一种"零和游戏"（Zero-sum Game）。人们选择他们认为其他人需要的物品，因此价格会上涨。正如物理学家和网络科学家艾伯特－拉斯诺·巴拉巴西（Albert-Lázló Barabási）在《公式》（*The Formula*）中所写道，当性能无法衡量时，网络驱动成功。在艺术界，知名度高、人脉广的知名创作者创作的作品数量有限，却受到众多收藏家的追捧，这推动了价格上涨。在 NFT 市场，物品的价值与心理吸引力密不可分，因此经济周期更加明显。

三、NFT 市场参与者

（一）创作者

根据头豹研究院《2021 年中国 NFT 平台研究报告》调研结

果显示，中国 NFT 的创作者可大致分为个人和团体，其中个人创作者是最主要的 NFT 创作者。以个人为主的 NFT 创作者占比超90%，团队 NFT 创作者占比不足 10%。中国 NFT 作品类型主要以原生数字艺术品为主，其占比高达 90%。[①]

尽管目前 NFT 的创作者以个人为主，但在未来，团队创作者将有望成为主力军。在 2021 年 11 月，村上隆与虚拟时尚品牌 RTFKT Studios 合作开展 Clone X NFT 企划。每个角色都有随机分配特征组合而成的外观，村上隆设计了角色的眼睛、嘴巴、头盔与"特色"，并注入其代表性的卡通美学元素。这个项目就是以团队的方式制作完成的。

（二）交易市场

截至 2021 年 12 月，较为活跃的二级加密交易平台包括 OpenSea、Nifty Gateway、MakersPlace、Rarible、SuperRare，同时这些市场也提供一级市场铸币和发行服务。交易平台将在后文进行详细介绍。

（三）竞拍者

以"Everyday: The First 5 000 Days"作品的竞争者为例，我们

[①] 头豹研究院. 2021 年中国 NFT 平台研究报告［EB/OL］.［2022-02-08］. https://pdf.dfcfw.com/pdf/H3_AP202202081545653782_1.pdf?1644314982000.pdf.

可以发现NFT的竞拍者较为年轻，同时竞争者多来自欧美等发达国家。

根据佳士得统计数据显示，在这次拍卖竞拍者中，共有来自11个国家的33位活跃竞价者。竞争者的年龄分层中，58%来自千禧一代（1981—1996年），33%来自于X时代（1965—1980年）。

四、NFT 销售机制

（一）直接销售

直接销售的NFT收藏品须按NFT创作者或持有者的定价成交。

（二）英式拍卖

英式拍卖又叫"升价拍卖"，初始时卖方公布物品的底价，作为初始时的当前价格，买方的叫价必须超过当前价格才能被接受，接受后随即成为新的当前价格，当前价格维持给定的时间后，叫出当前价格的买方即以当前价格购得物品。即投标者由低到高出价，最后出价最高者以最终出价赢得拍卖。

（三）荷兰式拍卖

荷兰式拍卖也称"降价拍卖"，是指拍卖人先将价格设定在足以阻止所有竞拍者的水平，然后由高到低叫价，第一个应价的竞拍者获胜，并支付当时所叫到的价格。

（四）捆绑销售

NFT 创作者或持有者可以使用智能合约将不同 NFT 的销售捆绑在一起，包括许可权、部分所有权和特许权。或者，用户可以让任意一个 NFT 捆绑其他 NFT、甚至实物进行销售。比如在佳士得拍卖会上，9 张 CryptoPunks 肖像以不到 1 700 万美元的价格捆绑售出。

在 NFT 市场中，荷兰式拍卖和固定价格销售通常用于低价商品销售，而英式拍卖则是用于大额商品，如超值的 Gods Unchained 卡片或《传奇》游戏。除此之外，捆绑销售成为一种非常流行的销售方式，其所占的比例在 2021 年 12 月稳步上升至 20%。

第四章

NFT 基础设施

一、NFT 区块链评测标准

鉴于目前的区块链种类繁多，选择 NFT 活动基础的区块链越来越难。因此，在使用 NFT 平台之前，以下几个标准需要考虑。例如，交易成本、智能合约功能、共识机制和交易速度。

（一）交易成本

并非所有的 NFT 艺术品都以高昂的价格出售。相反，绝大多数可用 NFT（游戏中的物品和数字收藏品）的价格都相对实惠，普通用户可以购买。

如果一件艺术品的价值不高，为什么要支付高额的交易费？相对较低的交易成本对于 NFT 交易活动至关重要。此外，所选的区块链应该具有无感结构，以吸引更多的用户加入 NFT 平台。

（二）智能合约功能

所有的 NFT 平台都依赖于智能合约，负责设定买卖双方的交易条款。一般来说，复杂和精心设计的智能合约保证了整个平台的安全性。这就是为什么要确保所选择的区块链拥有强大且可靠的智能合约功能。

此外，开发平台时开发人员要了解对应区块链的智能合约编程语言。例如，如果你选择采用 Solidity 的以太坊，可能需要很长时间才能找到专业的开发人员，因为 Solidity 是一种专业性强且有难度的高级编程语言。然而，另一种更广泛的语言如 C++，找到高知名度的专家并不难。

区块链网络的安全性是另一个关键方面。与普遍看法相反，如果区块链从根本上不够强大，它可能会被黑客入侵。

在这种情况下，包括投资者、交易者和 NFT 创建者在内的各种用户最终都会失去他们的资金和数据。最近，DeFi 史上最大的黑客攻击事件——区块链公司 Ronin 6.25 亿美元加密货币被盗事件强调了使用安全区块链的必要性。

（三）共识机制

有时区块链可能容易受到攻击。使用工作证明（PoW）共识机制运作的平台，通常要比依靠股权证明（PoS）共识的平台处理更多问题。正因为如此，优先考虑 PoS 或其相关类型，如股权授权证明（DPoS）和流动性权益证明（LPoS），以及其他可用的选择，如历史证明（PoH）和权益证明（PoSA）可能是更明智的。以太坊已经充分考虑 PoW 模式，现在正在准备备受关注的以太坊 2.0 升级，这最终将使区块链从 PoW 过渡到 PoS 共识。需要注意的是，所选择的区块链，确切地说，其共识会对环境产生影响。例如，使用 PoW 的区块链会造成大量的温室气体排放。相比之下，那些采用 PoS 的区块链被认为是更节能的，因为"矿工"不必解决复杂的谜题来证明他们在 PoS 区块链上的工作。因此，所需的处理能力大大降低。例如，埃隆·马斯克（Elon Musk）甚至改变了他为特斯拉接受 BTC 付款的决定，因为由 PoW 驱动的比特币区块链过于依赖能源密集型的采矿装置，从而增加了 Gas 费。

（四）交易速度

区块链的交易速度在 NFT 活动的整体成功中起着巨大作用。一些区块链有较高的交易速度，这意味着它们能够在每秒钟执行更大数量的交易，而其他区块链往往速度较慢。

此外，交易速度对交易成本有巨大影响。如果一个区块链的吞吐量低，用户就必须支付"矿工"更高的费用，以确保他们的交易优先于其他人。

二、NFT 主要公链

（一）海外公链

1. 以太坊

以太坊由维塔利克·布特林（Vitalik Buterin）于 2015 年推出，是第一个引入智能合约的区块链——该技术使 NFT 成为可能。从那时起，区块链经历了多个发展阶段，以促进和推动 NFT 的进步。

今天，以太坊拥有超过 80 300 个 NFT 收藏。从行业的开创性项目（CryptoPunks 和 CryptoKitties）到当前的许多热门项目（MeeBits 和 BAYC），这些项目中的大多数都由 ERC-721 和 ERC-1155 代币标准提供支持。

ERC-721 允许开发人员铸造 NFT，而 ERC-1155 允许创建半 NFT。除了这两个之外，以太坊开发团队最近提出了一个新的代币标准 EIB-2309，以实现在一次交易中铸造多个 NFT。

此外，几乎所有著名的 NFT 市场构成了该行业的大部分交易量，包括在以太坊网络上开发的 OpenSea、Rarible、Nifty Gateway、SuperRare、Decentraland 和 KnownOrigin。

就网络机制而言，以太坊在伦敦硬分叉期间从 PoW 模型转向 PoS 模型，增加了区块链的功能性和可扩展性。

不幸的是，它也是最昂贵的选择之一，并且消耗大量能源。这是因为以太坊使用 PoW 机制工作。简而言之，PoW 需要计算机相互竞争以解决复杂的难题，从而将区块和交易添加到区块链中。这些谜题非常复杂，需要大量的计算机能力来解决，从而导致巨大的能量损失。

然而，由于它的受欢迎程度、安全性、去中心化和易用性，用户在决定在哪里铸造之前，应该首先考虑这个区块链。

2. Flow

Flow 是以太坊区块链最受欢迎的替代方案之一。Flow 由 Dapper Labs 于 2019 年开发——CryptoKitties 的开发团队，主要关注可持续性、可扩展性、可组合性和用户体验。

Flow 是一种高性能区块链，专门用于创建 NFT、游戏和 dApps。与以太坊等通用区块链形成鲜明对比的是，Flow 在构建时考虑了可扩展性，这意味着数 10 亿人可能会与区块链上的 NFT 进行交互。

尽管是一个新的生态系统，但 Flow 已经在业界树立了自己的名声，为 NFT、基于区块链的游戏和 dApps 开发人员创造了许多机会。凭借以 Cadence（Flow 开发者开发的编程语言）为核心的可升级智能合约，Flow 试图确保更大的可扩展性。该区块链拥有多节点和多角色架构，是关键交易过程的一部分，即共识、执行、收集和验证。

值得注意的是，Flow 区块链最大的特点是它的高性能，它能够每秒执行 10 000 多个交易。至于它的收费结构，Flow 有两项费用适用于交易：一种是创建账户，从 0.001FLOW（平台的原生代币）开始；另一种是交易费，从 0.000 001 FLOW 开始。该网络完全基于 PoS 共识模型，使其能够每分钟执行约 10 000 笔交易。

Flow 在体育 NFT 领域占据了市场主导地位，促成了 NBA Top Shot、NFL AllDay、UFC Strike 以及很多成功的项目。Blocktobay 和 Xtingles 是在 Flow 区块链上创建的两个最受欢迎的 NFT 市场。

3. Solana

Solana 由 Anatoly Yakovenko 创立，是 NFT、DeFi 和 Web3.0 空间的主要贡献者之一。Solana 目前在其生态系统中托管 350 多个项目，并计划在未来再增加 1 000 个。

无可否认，Solana 最突出的特点是其极快的交易速度，这也为其被广泛采用铺平了道路。目前，Solana 能够每秒执行 65 000 笔交易。其开发者表示，随着网络的发展，Solana 的 TPS 可以达到 700 000。除此之外，该区块链的混合协议允许大幅减少交易和智能合约执行的验证时间。

混合 PoS 和 PoH 共识模型允许区块链以非常低的成本交易。使用 PoS，用户质押一定数量的加密货币，就有机会被随机选为区块验证者。验证者在被选中时获得 SOL。这既可以激励用户成为质押者，也可以奖励他们成为质押者。PoH 与 PoS 协同工作，用于加密验证两个事件之间的时间流逝。就 Solana 区块链而言，它用于确保交易处于正确的顺序并被正确的领导者（验证者）发现。

事实上，由于 Solana 的 PoS 和 PoH 机制，它的交易费用和时间几乎是他们能得到的最低限度。然而，Solana 的使用不如以太坊广泛,这意味着在NFT市场和区块链上进行交易的人更少。

尽管推出时间较短,但Solana已经拥有许多令人印象深刻的NFT项目,最引人注目的是Degenerate Ape Academy(由10 000只最光滑的大脑猿组成的NFT集合)、Solana Monkey Business(由5 000只独特的生成艺术猴子NFT组成的蓝筹NFT集合)、SolPunks(Solana的CryptoPunks版本)、Frakt(由随机生成的设计模式组成的NFT集合)、BoldBadgers(由10 000个独特的Bold Badgers组成的集合),以及Sollamas(由8 888个独特的生成骆驼组成的集合,具有大约165个稀有属性)。

Solana还允许建立高级市场。到目前为止,用户可以在由Solana驱动的平台上购买和销售NFT,如Solanart(目前是Beta版)、DigitalEyes(第一个开放的NFT Solana市场)、Solsea(使创作者能够在铸造NFT时选择和嵌入许可证的NFT市场)和Metaplex(使艺术家和创作者能够为NFT推出自己的自我托管店面并执行在线拍卖的NFT市场)。

此外,Solana带有SPL代币项目——Solana区块链上的代币标准。就像基于以太坊的ERC-20代币,SPL代币是专门为DeFi应用程序设计的。Solana甚至开发了一个名为Wormhole的跨链桥,使用户可以在以太坊智能合约中锁定ERC-20代币,然后在Solana区块链上铸造相应的SPL代币。

4. Cardano

由以太坊联合创始人查尔斯·霍斯金森(Charles Hoskinson)

发起的卡尔达诺（Cardano）是一个复杂的、分布式的 PoSP（Proof-of-Stake-Powered）区块链。它的关键目标包括实现其原生加密货币（ADA）的交易，并为开发人员创造一个便利的环境，以设计高度可扩展和强大的 Cardano 驱动的应用程序。

Cardano 区块链有两层，即用于在账户之间转移 ADA 和记录交易的 Cardano 结算层（CSL），以及带有开发人员利用的智能合约逻辑来移动资金的 Cardano 计算层（CCL）。Cardano 以 Haskell 为基础，而 Haskell 是 Cardano 智能合约编程语言 Plutus 的基础。Haskell 也负责支持 Marlowe，这是一种用于创建金融智能合约的特定领域语言。

Cardano 拥有很高的性能，它目前能够每秒处理超过 250 笔交易。值得注意的是，它的第二层扩展协议，称为 Hydra，预计将提高 Cardano 的性能，使其能够通过 2 000 个赌注池扩展到 200 万 TPS。至于 Cardano 的交易成本，达到约 0.16—0.17 ADA，相当于一两分钱。

谈到在 Cardano 区块链上运行的 NFT 项目，最成功的包括 Spacebudz 项目（据说它是 Cardano 上第一个百万美元的 NFT 销售）、CardanoKidz（一系列的收藏卡）、CNFT、CryptoMayor、CryptoKnitties、以及 Somint。

除此以外，在 2021 年 10 月底，Cadalabs 推出了 Cadalabs NFT 和加密收藏品市场，这是第一个由 Cardano 驱动的 NFT 和数字收藏品 DeFi 平台。Cadalabs 试图为其用户提供数字内容和服务独家铸币和品牌。

此外，Cardano 还开创了不可替代的增值代币（或 NFTA）的概念，这些代币按照 Cardano CIP-721 元数据标准铸造。

5. Binance Smart Chain

币安智能链（Binance Smart Chain，BSC）是一个与币安链（Binance Chain）同步运行的区块链。然而，与后者相比，它拥有先进的智能合约功能（由 Solidity 和 Vyper 支持），这是它与以太坊虚拟机（EVM）的兼容性而实现的。实现这一逻辑的目的是使币安链上的高吞吐量保持不变，同时将强大的智能合约功能引入生态系统中。从本质上讲，BSC 既不是第二层，也不是链外可扩展性解决方案，它是一个完全独立的区块链，即使币安链宕机也能运行。

币安币（BNB）是整个币安生态系统的原生实用代币。它同时用于 BSC 和币安链。BNB 代币用于在 BSC 上运行智能合约，在币安链和 Binance DEX 上支付交易费用。

币安智能链依赖于一个由 21 个验证器组成的系统。它运行在支持较短的区块时间和授予较低费用的 PoSA 共识机制上。由于 BSC 与 EVM 兼容，它使开发人员能够顺利地将项目从以太坊区块链上移植过来，从而为大量的 BSC 工具和 dApps 提供支持。从用户的角度来看，这意味着像 MetaMask 这样的应用程序可以毫不费力地定制为与 BSC 一起操作。

尽管以太坊在 NFT 领域无处不在、广受欢迎，但由于其良好的性能和低廉的费用，成千上万的用户和项目现在正将目光投向币安智能链。据称，BSC 每秒可进行 55—60 笔交易，它对创建 NFT

的收费约为 0.005 BNB（约 3 美元），与以太坊相比要便宜得多。

值得注意的是，BSC 有自己的代币标准，称为 BEP-721，它允许创建 NFT。到目前为止，多个项目允许用户在币安智能链上创建和交易 NFT，最突出的是 BakerySwap（可收藏的 NFT）、Battle Pets（游戏 NFT）和 PancakeSwap（金融 NFT）。

BakerySwap 被认为是在一体化的 DeFi 平台上运行的最受欢迎的项目，也是第一个 AMM+NFT 交易所。早在 2021 年 6 月，它成功地实现了 50 万个 NFT 交易的里程碑，其食品组合成为当月最热门的交易之一，甚至超过了一些著名的 CryptoPunks。BakerySwap 还能够创建 NFT 烘焙组合，这是基于零食的 NFT，可以作为该平台原生代币 BAKE 的挖矿工具。

6. EOS

EOS 是一种区块链，能够实现去中心化应用和智能合约的无摩擦开发。EOS 原生代币最初是 ERC-20 代币，意味着它们是在以太坊区块链之上创建的。这个区块链最出名的是举办了可能是有史以来最大的首次代币发行（ICO），通过在一年内出售 10 亿个 EOS 代币，成功筹集了约 40 亿美元。

EOS 利用了 DPoS 共识算法。C++ 是关键的编程语言，使区块链能够推出高性能的智能合约。然而，值得注意的是，EOS 实际上可以支持任何可以编译成 WebAssembly（WASM）的语言。

谈到性能指标，EOS 每秒能够进行约 4 000 笔交易，平均确认时间为 0.5 秒。至于收费结构，从技术上讲，EOS 不收取任何

Gas 或交易费用。然而，用户需要存入一些 EOS 代币，以便在区块链上注册他们的钱包，并保留这些代币的稳定性。除此以外，在 2020 年，EOS 推出了一个新的 NFT 标准，即 AtomicAssets，旨在通过不要求用户提供任何 RAM 来解决一些现有标准经常面临的可用性问题。

在 EOS 区块链上最突出的 NFT 项目中，你可以找到 Atomic-Market（共享流动性的 NFT 市场智能合约），Upland（地球上的元空间映射到现实世界，可通过网络、iOS 和 Android 访问），Crypto Dynasty（RPG 和 PvP dApp 游戏），以及 Blockchain Cuties（带有冒险的收集型加密货币游戏）。

7. Algorand

Algorand 于 2019 年推出，是一个高度安全和可扩展的第一层区块链，完全适合启动和处理 NFT。Algorand 团队真诚地相信 NFT 市场的重要性，这就是为什么它提供了精心设计的 NFT 功能，使 NFT 项目不需要设计具有复杂功能的额外应用程序。

Algorand 区块链利用纯质押证明（PPoS）共识，从其代币持有人中随机和秘密地选择区块验证人。这种共识机制保证了高度的去中心化，防止任何区块链分叉。通过这种方式，Algorand 支持的 NFT 资产得到了顶级的保护。

Algorand 社区相信 NFT 的长期成功。该技术已经针对 NFT 及其交易需求进行了优化，从而使 NFT 的开发过程更加高效。Algorand 也在努力成为一个完全绿色和负碳的区块链。它最近与

ClimateTrade 合作，后者是一家领先的公司，在区块链驱动的解决方案的帮助下处理二氧化碳排放的透明度和可追溯性。Algorand 和 ClimateTrade 正计划通过抵消二氧化碳排放和使地球变得更美好来共同实现其可持续性目标。

Algorand 的原生代币（ALGO）使其持有人能够参与决策过程。另一个值得强调的特点是，Algorand 是无矿的，这可以防止网络受到潜在的 51% 的攻击。

此外，Algorand 能够每秒钟进行超过 1 000 次交易，预计很快就能扩展到 46 000 TPS。至于它的交易费，相对较低，与 0.001 ALGO 挂钩。它的智能合约用交易执行批准语言（TEAL）编写，这是一种类似汇编的语言，由 Algorand 虚拟机（AVM）解释，并通过手工或在 Python 的帮助下使用 PyTEAL 编译器。

尽管在 2019 年推出，Algorand 已经推动了几个 NFT 的发展，包括 ANote Music（一个连接音乐家和观众的 NFT 市场）、ALGOeggs（一个由 2D 和 3D 艺术作品组成的混合 NFT 项目）、Dahai（一个代币化的美术市场和 DEX），以及 Opulous（一个推出音乐版权 NFT 的平台）。

8. WAX

WAX 创建于 2017 年，代表了全球资产交易所，是一个为电子商务交易设计的碳中和平台，运行在 DPoS 共识机制上，每秒执行约 8 000 次交易。

开发者将 WAX 称为"绿色的 NFT 造币机"，因为与以太坊相比，它每笔交易消耗的能源要少 125 000 倍。根据 DappRadar 的数据显示，截至 11 月 1 日，WAX 的活跃用户数量约为 51 万，交易总量达到 1 460 万。

WAX 平台没有任何定制的编程语言。它的智能合约是用 C++ 编写的，不过在开始部署合约之前，最好先掌握 WAX 的 C 或 C++ API 库。WAX 的本地实用代币被称为 WAXP。它用于支付交易费用、治理和押注。

2021 年 1 月，宣布 WAX 将对 WAX 区块链上执行的所有 NFT 二级市场交易实施 2% 的网络费。该费用应该被收集、汇总，然后分配给 WAX DeFi 模式的参与者。这意味着，每次在基于 WAX 的市场上购买或出售一个 NFT 时，该交易的 2% 将被收集为网络费，并通过以太坊上的 WAX DeFi 系统支付给 WAX 社区。除此以外，WAX 上的 NFT 铸币成本只有几分钱。

WAX 被认为是最环保和最注重环境的区块链。2021 年 8 月，WAX 发布了自己的碳抵消 vIRL NFT 系列，可以直接从 WAX 购买。这些 NFT 的价格从 1—100 美元不等。这个概念背后的逻辑在于，当 NFT 持有人希望抵消他们的碳足迹时，他们可以将 NFT 堆肥。通过这样做，每花费 1 美元，国家森林基金会就会种植一棵树苗。

WAX 已经成为几个 NFT 的坚实基础，包括 Alien Worlds，它是一个元宇宙 NFT 项目，用户可以玩独特的数字物品；R-Planet，它是一个革命性的 NFT 抵押和游戏系统，允许用户从他们未使用的 NFT 中获益；以及 Farmers World，它是第一个在 NFT 平台上运作的农业游戏。

WAX已被证明是建立NFT市场的可行区块链解决方案。到目前为止，用户可以在以下由WAX驱动的平台上出售或购买NFT：NeftyBlocks，它是一个用户友好的市场，允许用户毫不费力地购买、分配和管理NFT集合；AtomicHub，它是一个创建和交易NFT的一站式解决方案。

9. Tron

在2018年迁移到自己的独立网络之前，Tron曾经是一个基于以太坊的ERC-20代币。如今，Tron是一个完全成熟的去中心化的开源区块链，促进了dApps、智能合约和代币的发展。

Tron有其原生的代币标准。2020年，它在现有的TRC-20的基础上推出了新的NFT标准，称为TRC-721，这与ERC-721完全兼容，以便探索区块链的新前景。

Tron区块链采用了DPoS，有27个轮流的超级代表。它的智能合约是用Solidity编程语言开发的，用于在不同的区块链上部署合约。Tron虚拟机（TVM）与EVM环境完全兼容，并允许开发者在混合环境下用Solidity创建、调试和执行智能合约。

Tron也有自己的本地货币，称为Tronix，简称TRX。它用于直接向内容创作者支付访问应用程序的费用。至于它的交易性能，Tron区块链声称每秒能进行大约2 000次交易，每笔交易只收取几分钱。

Tron基金会确信NFT的重要性，推出了一个3亿美元的基金，名为Tron Arcade，将在未来三年内投资于游戏赚钱的项目。值得注意的是，Tron已经在NFT开发领域为自己开辟了一片天地，并被选择用于各种NFT项目。到目前为止，你可以接触到几个由Tron驱动的NFT活动，包括TPunks（类似于CryptoPunks，但在Tron上开发），Tron Meebits（收集了20 000个独特的3D头像），Kraftly（一个购买和销售独家数字资产的NFT市场），以及NFTOne（世界上第一个基于Tron的NFT市场）。

10. Tezos

Tezos是一个去中心化的开源区块链，能够毫不费力地执行P2P交易，并用作部署智能合约的复杂平台。Tezos最突出的特点之一是自我修正功能，使其有能力实施开放链机制，在提出、选择、测试和激活协议升级时摆脱硬分叉。

目前，Tezos区块链运行在独特的LPoS共识机制上，其中验证者被称为"代言人"。与DPoS相比，在LPoS中，只要有足够的代币，任何用户都有能力成为验证者。如果他们不能满足这一要求，他们可以选择委托。这个非同寻常的概念背后的理念是增加包容性，并更加关注治理的流动性，而不是网络的可扩展性。

Tezos区块链每秒可执行约40笔交易，其交易费约为10美分。然而，在2020年，Tezos公布了Delphi升级版，它将削减75%的Gas成本。

Tezos既有名为Michelson的特定领域智能合约语言，也有用于编写Tezos智能合约的广泛支持的语言，如SmartPy和LIGO。除此以外，Tezos还有其原生的实用代币和加密货币，称为XTZ。它被用作交换媒介，允许用户参与平台的链上治理功能。

重要的是，虽然 Tezos 有三个代币标准，但只有一个 FA2 是为 NFT 设计的。它为每个单独的代币分配了一个独特的代币 ID，并将其与代币所有者地址挂钩。

Tezos 区块链已成为多个 NFT 市场的坚实基础，如 Kalamint，是一个策划的社区拥有的公共 NFT 市场；Hic et Nunc 是一个用于铸造和交易 NFT；Bazaar Market 是一个负碳 NFT 市场；OneOf 是一个音乐 NFT 平台和 Objkt，它是 Tezos 上最大的 FA2 市场。

此外，Tezos 已经吸引了一些名人和知名品牌的注意，他们已经采用区块链来铸造他们的 NFT，这其中包括 Doja Cat、Redbull 和格莱美奖。

11. Immutable X

Immutable X 是以太坊上 NFT 的 Layer2 扩展解决方案。它旨在改善以太坊的可扩展性和用户体验。

Immutable X 由 James Ferguson、Robbie Ferguson 和 Alex Connolly 于 2018 年创立。它为铸造和交易 NFT 提供即时交易确认和接近零的 Gas 费。用户可以以较低的成本轻松创建和交易 ERC-721 和 ERC-20 代币，而不会影响其资产的安全性。

Immutable X 的核心是一种称为零知识证明（ZK-Rollup）的扩展技术，它是用于验证以太坊区块链上的交易的 Layer2 协议。ZK-Rollup 不是将每个交易数据都添加到区块链中，而是将数百个交易批量处理成一个零知识证明，称为 ZK-STARK 证明。Zk-STARK 代表零知识可扩展的透明知识论证。这是一种验证方法，用于证明拥有某些知识而不透露任何相关信息。它可以为 Immutable X 交易提供更高级别的隐私和安全性。

对交易进行批处理后，将证明提交到区块链并通过智能合约进行验证。ZK-Rollup 智能合约在 Layer2 维护所有交易细节，因此可以快速验证，因为它们不包含每笔交易的完整数据。验证一个区块所需的计算和存储资源也会降低。这就是 Immutable X 可以促成高达每秒 9 000 笔交易（TPS）的方式，同时大大降低了 Gas 费用。对于最终用户，Immutable X 交易的 Gas 费用为零。

用户在 Immutable X 上交易或铸造的 NFT 100% 是碳中和的。例如，赚钱游戏 Gods Unchained 铸造 800 万张 NFT 交易卡将在以太坊上消耗大约 4.9 亿千瓦时。通过 ZK-Rollup 压缩铸造所需的数据，Immutable X 仅使用 1 030 千瓦时来铸造相同数量的 NFT，能耗降低 475 000 倍。剩余的微不足道的能源消耗被碳信用额抵消。

Immutable X 的另一个独特功能是一组强大的 REST API，可以简化复杂的区块链交互。用户可以通过 API 调用轻松创建和传输 NFT，而无须直接与智能合约交互。结合 Immutable X 的简单软件开发工具包（SDK），开发人员可以轻松地将 API 和钱包集成到他们的平台中。这将使他们能够在短短几个小时而不是几周内构建 NFT 项目。

为了促进第三方 NFT 市场生态系统，Immutable X 提供了一个全球订单簿，允许在任何实施其扩展解决方案的市场上买卖 NFT。这意味着在一个市场上创建的订单可以在另一个市场上完成，有效地增加了 NFT 的交易量和流动性。Immutable X 还支持所有桌面以太坊钱包。用户可以在不同的支持 NFT 的加密钱包上无缝交易 NFT，且无须跨网络移动资产。

（二）国内联盟链

另外，在独特的监管政策下，中国也孵化出一批以蚂蚁链、至信链为代表的无币区块链基础设施，并在此基础上衍生出具有鲜明特色的中国合规化 NFT 交易平台。准确来说，这些基础设施已经不属于公有链的范畴，具有结构高度中心化、技术高度保密化的特点，与前面讨论的公链相差甚远。

支付宝的小程序"蚂蚁链粉丝粒"为国内最火热的 NFT 发行平台之一，自上线起发行了超数 10 款拥有版权的 NFT 作品。在官方科普中，蚂蚁链曾对 NFT 的定义为"非同质化通证"，强调 NFT 与虚拟货币等同质化代币存在本质不同，由数字商品的实际价值做支撑，也不具备支付功能等任何货币属性。

而腾讯幻核也曾被视为国内首家 NFT 交易平台，其前几批作品中，明确显示了基于各类文化 IP，结合腾讯至信链生成的 NFT。但现在其介绍已改为"国内首个数字藏品交易 App"。

蚂蚁链将数字藏品定义为"虚拟数字商品"，腾讯幻核将数字藏品定义为"虚拟权益证明"，都强调其不具备"虚拟货币"属性。同时，双方都强调作为"虚拟物品"，数字藏品一经兑换不支持退换。截至最新撰稿时期，腾讯幻核已经宣布关闭其 NFT 项目。

第五章

NFT 应用生态

一、交易平台

NFT 交易规模和总市值的迅猛增长，已经涌现出了一批加密艺术品交易平台。国外 NFT 交易平台近年来发展迅速且初具规模，而国内由于相关政策限制生态发展较为谨慎，但也不乏亮点。比较之下，国外 NFT 呈现出蓬勃发展态势。

（一）OpenSea[①]

OpenSea 成立于 2017 年，是目前全球最大的综合 NFT 交易平台。用户可以在平台上铸造、展示、交易、拍卖 NFT。OpenSea 类似于亚马逊，里面包含的领域众多，用户可以在 OpenSea 购买和出售加密艺术品、游戏道具、虚拟地产、域名、金融产品等各种 NFT

---

① 参见 https://opensea.io/。

商品。

创作者可以使用 OpenSea 的 NFT 铸造工具在区块链上创建项目，无须代码就可以免费制作 NFT 和藏品集。目前支持四种售卖方式：定价、荷兰拍卖、英式拍卖、私下交易。页面可以选择货币种类、商品类别、折扣、商品状态等条件来筛选商品。商品的所有权变动信息会被记录。

在佣金方面，OpenSea 在每次销售（首次或二次销售）后都会收取 2.5% 的佣金，创作者和开发者可以对商品的二次销售自行设置版权费。相比其他 NFT 交易平台，OpenSea 更为亲民，任何人都可以免费创建和出售 NFT，利用 ERC-721 代币标准，可以让创作者和开发者的 NFT 商品在 OpenSea 上立即进行交易，且出售时无须支付任何 Gas 费。不过，首次使用 OpenSea 账户初始化时或者商品售出后需支付一笔 2.5% 的 Gas 费。但相对其他平台而言，OpenSea 已经是收取手续费最低的一家了。OpenSea 是所有 NFT 交易场所的第一顺位，是一家价值 10 亿美元级别的"独角兽"平台。

但 OpenSea 对 NFT 上传者及其作品的审核并不严格，甚至说是很宽松。无须特殊身份，任何人都能在平台上发布各种形式的 NFT 作品，这也导致了平台上存在着大量的低价值垃圾作品。

OpenSea 的发展十分迅速，从月活跃用户 4 000 人到月活跃用户 20 万人，OpenSea 半年内达 50 倍增长的发展是奇迹，但也让 OpenSea 多次陷入危机。例如，服务器崩溃问题。据统计，2021 年 OpenSea 因 NFT 交易而引发的服务器崩溃超 11 次，还有无数次拥堵（甚至还出现过在一段时间内所有 NFT 均无法挂单的问题），

OpenSea 目前还没有准备好迎接快速增长带来的一系列问题。

OpenSea 的根基也不稳。虽然 OpenSea 较行业第二名 Rarible 具有压倒性优势，但是强敌正在来袭，近期包含 Coinbase、FTX.US 等交易所，也均已宣布计划推出 NFT 市场，而且随着红杉资本等机构加入战局助威，未来后来者的威胁将会越来越大。而且如果 OpenSea 真的无法刷空投，想必这部分以利益为驱动的核心用户并不介意换个地方刷空投，而他们的离去也将反噬其估值。

哈佛商学院副教授斯科特·杜克·科米尼尔（Scott Duke Kominers）也表示，"加密领域的早期领导者面临着很大的风险，一个行业的第一批参与者不一定是最成功的，你的网络必须足够强大，才能战胜后来借用你商业模式的成功部分并针对略有不同的受众的竞争对手。"

（二）Rarible[①]

Rarible 的艺术家资源显得有些参差不齐，平台作品数量大、单价低、质量良莠不齐，涵盖的范围也比较广，目前以趣味艺术品为主。Rarible 也有简单的艺术家审核流程，但是条件很宽松，目前的创作者和收藏者接近 2 万人。

Rarible 宣称是第一个拥有 NFT 市场的社区。2020 年 7 月，Rarible 宣布发行了自己的代币 RARI，代币的引入很大程度上改善

---

① 参见 https://rarible.com/。

了销售流程和销售条件,通过"交易即挖矿"的玩法大幅提升了Rarible的交易额。但同时也存在利用平台结构漏洞进行清洗交易(wash trading)的可能,虚假购买艺术品获得RARI代币。Rarible允许平台上最活跃的创造者和收藏家为任何平台升级投票,并参与管理和审核。Rarible的铸币手续费由创作者自己承担,且版税也由创作者自行设定,默认版税率为10%、20%和30%,并将在首次销售中收取2.5%的服务费。

(三) SuperRare[①]

SuperRare专注于交易超级稀有的艺术品。这是一个处理独特数字艺术作品的NFT市场。SuperRare中的每件艺术品均由ERC-721代币表示,该代币由密码保护并可在区块链上追溯。该平台的特点是管理先进、体验简便、付款方式灵活,具有社交档案和移动App,可以进行实时拍卖。

与OpenSea的包罗万象不同,SuperRare涵盖的更多是精心策展的限量版艺术品NFT,且平台对想要入驻的艺术家有严格的审核标准。艺术家需要向平台提出申请,在审核通过后才可以作为原创作者发售NFT,同时规定不能在互联网上的其他地方进行代币化,定期有艺术家进行审查。综合来说,入驻门槛并不低。如果艺术家想要入驻SuperRare,首先,艺术家需要向平台提出入驻申请,提供

---

① 参见 https://superrare.com/。

个人介绍、对艺术的理解等各种信息。SuperRare 团队每周进行一次审查，审查过程也较为严格，会综合评估艺术家各个方面的资质。通过审查之后，艺术家会享受到 SuperRare 独特的激励政策，即二级市场销售 10% 的版税。这对于艺术家来说，吸引力也比较大。

在佣金方面，SuperRare 平台在初次销售中收取 15% 的佣金，在二次销售中收取 3% 的费用（由买家支付）。

（四）MakersPlace[①]

MakersPlace 是一个"老牌"加密艺术平台。MakersPlace 最大特点在于严格把控加密艺术品的质量，会为艺术家和创作者的每件 NFT 作品生成区块链指纹，以证明作品的来源和身份，使之成为艺术品独特性的一种象征，这可以极大降低盗版和劣质 NFT 的存在。MakersPlace 目前仅接受邀请入驻。

当创作者出售作品时，MakersPlace 将收取作品最终销售价格的 15% 作为佣金，剩余的 85% 归创作者所有。在作品每被二级销售时，MakersPlace 则固定收取版税的 5% 作为服务费，创作者则可获得 10% 的版税。无论是首次还是二次销售，任何通过信用卡出售的商品将额外支付给平台 2.9% 的费用。此外，随着 NFT 受到越来越多的关注，越来越多的公链开始涉足 NFT。

---

① 参见 https://makersplace.com/。

二、艺术收藏品

（一）总概

艺术 NFT 运动主要是由一小部分数字艺术家推动的运动。随着这一场景获得更多的关注和影响力，其他艺术家也开始加入进来。崭露头角的数字艺术家将其视为展示自己作品的机会，而传统和更著名的艺术家则开始了数字化实验。

艺术家和创作者现在可以直接以 NFT 的形式创作他们的艺术作品，并直接从他们的粉丝那里获得收入，且无须任何中间商。现在，艺术家不必支付发行商和出版商的费用，就可以根据用户愿意支付的价格获得公平的份额。

NFT 本质上开放了数字艺术产业，因为它有能力保护所有权。在 NFT 之前，互联网是一片难以追踪的艺术品海洋，任何人都可以轻松复制这些媒体资产，而无须任何所有权。现在，NFT 允许艺术家在任何数字媒体上发表自己的原创作品。虽然这仍然不能阻止人们"复制粘贴"，但它确实证明了艺术品的起源。

收藏家愿意在艺术 NFT 上花费巨资，因为这些 NFT 是稀缺的，并且在区块链上有所有权证明。换句话说，诸如"先前所有者"和"画家身份"等行为者在推动艺术价值方面发挥着重要作用。在传统艺术行业中，有很多这样的例子。例如，绘画被廉价出售，但当确定了原始艺术家和所有者，随后又会被重新估价。

此外，NFT还为创作者提供了一种独特的联系，任何其他艺术形式都不存在这种联系。使用数字媒体有许多优点，包括便携性和更大的创造力。例如，艺术家可以在作品中融入声音和动作。

艺术形式的多样性为更广泛的观众提供了更多的吸引力，从而为艺术家和创作者提供了扩大粉丝群的机会。收藏家包括来自加密社区的投资者和现有的艺术收藏家，他们可能从更广泛的媒体中听说过艺术NFT。艺术品非金融交易的兴起也吸引了机构投资者，因为它们已被认可为"可投资资产"。

在数字市场中，艺术品被赋予了独特的金融价值。在许多情况中，将艺术作品看作藏品或许更为合适。收藏品一直是一种独特的资产类别。人们收集各种各样的东西，比如贝壳、邮票、卡片、冰箱磁贴等，这作为一种爱好，甚至是为了炫耀。

大多数时候，这些收藏品的价值是高度投机的。例如，自20世纪90年代末风潮以来，神奇宝贝交易卡的价值不断上升。一个密封的扑克牌纸盒在2021年第一季度从最初的100美元飙升到50 000美元。

收藏品很难单独定义为一个类别，因为从技术上讲，任何东西（包括艺术品、游戏等）都可以归入这个类别。然而，在NFT世界中，越来越多的加密资产被证明是高度可收藏的物品。

（二）项目和活动

这部分将列举部分著名NFT藏品项目。它们有些甚至超然于交易市场，在 NFT 行业中具有重要的影响。我们将分析其兴衰，探究 NFT 收藏品的一些基本规律。

1. 国外 NFT

（1）CryptoPunks[①]

CryptoPunks 是 24×24 像素的艺术图像，通过算法生成。大多数都是看起来很笨拙的男孩和女孩，但也有一些比较罕见的类型：猿、僵尸，甚至是奇怪的外星人。每个图像都有个人资料页面，显示属性以及所有权或出售状态。

CryptoPunks 是加密货币中最激动人心和最有故事的 NFT 项目之一。作为以太坊上元老（OG）的 NFT 项目之一，CryptoPunks 也已经发展为生态系统中最昂贵的项目之一。

2017 年，联合创始人约翰·沃特金森（John Watkinson）和马特·霍尔（Matt Hall）(两人后来创建了 Larva Labs）发行了 10 000 枚 CryptoPunks，所有这些 CryptoPunks 都是按程序生成并免费索取的（只需支付一小部分 Gas 费用）。

CryptoPunks 属性被随机化，并通过一个基于创造者策划元素的生成器漏斗状排列。不同的特征被表现出来，有些比其他更罕见。例如，有些是外星人和猿类，而大多数是普通的古老人类。

尽管 CryptoPunks 是以太坊上最早的 NFT 项目之一，甚至比 CryptoKitties 早了几个月。但在早期，CryptoPunks 几乎没有什么

[①] 参见 https://opensea.io/collection/cryptopunks。

活动。据霍尔说，在发布后的几天里，只有不到 30 枚 CryptoPunks 被认领。随着时间的推移，越来越多的人开始了解这个项目，尤其由于 Mashable 的文章，所有的 CryptoPunks 最终都被创造出来了。

社区虽小，但充满激情。慢慢地，CryptoPunks 的拥有者成为一种身份象征。对于任何收藏品市场来说都是有价值的，区块链技术也不例外。持有 CryptoPunks 意味着两件事：第一，你是 NFT 或以太坊 OG，第二，你善于从历史中获得的价值。

然而，只有当名人、风险资本家和商界人士开始抢购 CryptoPunks 并将其作为投资时，真正的注意力才转移到 CryptoPunks 身上。CryptoPunks 的主要魅力在于其作为以太坊上第一批 NFT 的历史见证，三箭资本（Three Arrows Capital）对 CryptoPunks 进行了收购，它曾是该领域最成功的加密风险投资公司之一。

随着时间的推移，许多 CryptoPunks 持有者开始将自己的身份透露给社区，人们开始在社区中认可并尊重 CryptoPunks 持有者。所有者认识到它所赋予的社会地位，并开始将其在社交媒体平台（如 Twitter、Discord 等）上的个人资料图片更改为 CryptoPunks。

CryptoPunks 甚至设法吸引了传统拍卖行的注意力。全球最大的两家拍卖行苏富比拍卖行和佳士得拍卖行推出了 CryptoPunks 拍卖，并成功以数百万美元的价格出售。

然而，除了作为图像存在外，CryptoPunks 后来成为最新项目 Meebits 的会员证。Meebits 的目标是通过在多个虚拟世界之间的互操作成为虚拟世界的数字化身。Meebits 总共只有 20 000 兆比特。其中一半由 CryptoPunks 和 Autoglyph（另一个由实验室完成的项目）

的所有者拥有，而另一半则通过荷兰拍卖行进行拍卖。

（2）BAYC[①]

BAYC启动于2021年4月底，这是一个10 000个具有不同特征和属性的猿猴NFT组合。这些猿猴的服装特征神态各异，但都有一副"无聊"的表情。上线时的定价大约是每个200美元。

BAYC火起来得有些意外，但也有一些必然性。BAYC几乎是用一己之力开创了一个新的开放品牌时代。怎么理解开放品牌？简单来讲，当一个人购买了BAYC，它不仅是买了一幅作品，也是获得了一个充满活力的俱乐部的门票，同时拿到了这只猿猴IP的全部商业使用权。

这意味着当一个人购买作品之后可以使用这个NFT的形象并在任何商业场景中使用，可以做对外授权、二次创作等。尽管每一个猴子形象都是独一无二的，但大家同在一个社区，共享了一个大的底层IP。消费者不再是消费者，而是变成了参与者、所有者。

对于大多数文化品牌，如Supreme、漫威、滚石等，让知识产权自由流通是不被允许的。相比之下，"无聊猿"将他们的开放性视为一种资产。"人们用猿创造的任何东西只会让品牌成长。"BAYC联合创始人戈登·戈纳（Gordon Goner）说道。

[①] 参见 https://opensea.io/collection/boredapeyachtclub。

第五章　NFT 应用生态

图 5.1　BAYC 示例

"Yuga Labs LLC 授予您无限的全球许可，允许您使用、复制和展示所购买的艺术作品，以及创作基于艺术作品的衍生作品（'商业用途'）。"

于是，大量延伸的作品很快诞生了。猿猴外套、猿猴滑板、猿猴杂志、猿猴 TV、猿猴形象的虚拟乐队都相继被推出。而针对其中相当比例使用猿猴 IP 的创业者，猿猴团队还会给予资助，让他们发挥创造力，扩大品牌影响。因为每个使用猿猴形象做自己商业产品的人都是在参与建设这个品牌。其他社区成员也都在通过各种方式给这个社区和品牌赋能。这就像一个社区版的 SuperMe，他们

121

把猿猴形象和一切结合，创造出自己的文化。

社区非常善于利用新媒体与名人效应。很容易就能观察到的一点是，猿猴们正在席卷Twitter，它们把Twitter当作传播品牌和文化的主战场。在Twitter上"#apefollowape""#apetogetherstrong"等标签层出不穷，并且热度很高。由于支持猿猴的成员散落在各行各业，而不是局限在加密行业，他们的传播能够触达很多民众。人们会好奇，为什么最近老能看见这只"丑丑"的猿猴。

而名人效应毫无疑问又给这种传播"点"了不止一把"火"。随着影响力和文化的扩大，NBA巨星库里，NBC天王级主持、音乐圈的传奇巨星埃米纳姆（Eminem）和其他各类一线名人都加入其中，而Twitter粉丝量在几万到几十万之间的中小网络KOL更多。

但与名气一同到来的，也有对项目初衷的质疑。"无聊猿"到底是身份标签还是金融产品？前文所提及的好处不是如今"无聊猿"卖出天价的唯一理由。大多时候，"无聊猿"对买家来说，更像是一个金融产品。它的价格有被炒高的成分，其中就有"大富翁"的妙手推动。

"大富翁"通常不会以自己的账号直接购买NFT，通常他事先将比特币打给其他4个与自己密切合作的卖家，这些卖家会在公开市场上买"无聊猿"，然后再将买到的"无聊猿"转给"大富翁"。而"大富翁"也只会把"无聊猿"持有几小时后就转手卖出。数据爬取身价最高的20只猴子，"大富翁"参与了7只"无聊猿"的交易。

（3）CryptoKitties[①]

CryptoKitties 由 Dapper Labs 创建，该公司是 Flow 区块链和 NBA 顶级人物的幕后推手，早在 2017 年就引发了一场狂热。CryptoKitties 引起的活动大量涌入，导致以太坊主网严重堵塞。网站上线一周就已创造了超过 190 万美元的以太币交易。截至 2017 年 12 月 5 日，已有大约 6 万位用户注册，接近 100 000 只 CryptoKitties 存在，所处理的交易金额超过了 500 万美元，CryptoKitties 大约占以太坊流量的 25%，数据堪称惊人。更惊人的是，仅一周之后，该应用注册用户突破 15 万，交易金额超过了 1 500 万美元，CryptoKitties 的数量也超过了 26 万只。

但曾经风光无限的 CryptoKitties，不到一年就跌下了神坛，其原因也令人感慨。首先是在 CryptoKitties 获得成功后，一大群加密宠物疯狂出笼，如加密狗、兔子、熊猫等。

更为重要的是，加密宠物的投机性大于娱乐性，从而失去了游戏的根本意义。CryptoKitties 由于创造出时正值 ICO 疯狂，结果一步登天。CryptoKitties 的获得方式多种，且每只 CryptoKitties 具有唯一属性，让其拥有独特价值。但"成也 ICO，败也 ICO"。2018 年 2 月后，ICO 市场出现颓势，大批"韭菜"离场。随着 ICO 走势变差，CryptoKitties 鲜有问津。中端玩家无法通过 CryptoKitties 获得资产升值，中端玩家开始流失。

早期坚信 CryptoKitties 将成为数字收藏品的骨灰级玩家，在

[①] 参见 https://www.cryptokitties.co/。

大量中低端玩家退出后，也难以保持坚定的心。而CryptoKitties本身又无法增加新的娱乐功能。随着时间的推进，CryptoKitties走向失败。同样除了CryptoKitties，整个加密宠物游戏行业都将失败。

"区块链游戏"如果从字面上来看，其重点在于游戏，而区块链是辅助游戏世界中虚拟物品有价值的工具。如果区块链作为重点，用游戏来作为噱头，那么失败就是迟早的事，因为目的是短期投机，就会被玩家挤兑。顺带一提，正因为有CryptoKitties这次试水，让其开发者们开始构想Flow链，以提升扩展性与社区参与性。

总体来看，国外NFT市场发展迅速，但背后资本推动力量巨大，泡沫化、金融炒作化似乎成为常态，违背了艺术收藏的初衷。

2. 国内数字藏品

与国外以投机为主的NFT项目相比，国内由于更为严格的监管政策，NFT项目似乎更能称以"收藏"之名。

（1）2022年虎年藏品

"曾侯乙编钟"是战国早期曾国国君的一套大型礼乐重器，承载着先秦礼乐兴邦的文化记忆。它是我国目前出土音律最全的一套编钟，沉眠地下千余年，一经面世惊艳四方，被称为"湖北博物馆镇馆之宝"。但该文物一直保留在博物馆内，普通民众鲜有机会体验到其神奇之处。

联合湖北博物馆、腾讯音乐集团QQ音乐和腾讯区块链技术推出《古韵叩新春，礼乐承千年》新媒体互动项目，以实现数字藏品的限量发行。每一份藏品在区块链上都有唯一身份标识，具有唯一性、真实性、永久性、不可篡改、不可分割的特征，具有收藏价值。腾讯区块链也为本次活动的数字藏品提供了一个安全可靠、永久保存的区块链空间。同时，QQ 音乐是拥有广泛用户基础的国民级应用，通过前沿科技和创意内容来助力传统文化的"活化"，用声音来传承和焕新历史文明，为传统礼乐文化传播提供了一种新可能、新方式。

人民链发起保护生物多样性的公益活动——"数字福虎迎新春"，通过区块链技术，探索"迎新春+新公益"，助力保护生物多样性。

由人民在线开发的人民链客户端定位为"口袋里的大数据管家"，通过超级 ID 数字身份，为用户链接"新闻+政务服务商务"。此次"数字福虎迎新春"公益活动，人民链选择了备受科技爱好者关注的数字内容形式，用户可登录"数字吉祥物"微信小程序，免费领取、合成和分享自己专属的"新年福虎"。根据用户领取的"新年福虎"稀缺度及数量，公益活动赞助方将向中国绿化基金会"与虎豹同行"项目捐赠相对应的金额，让公众在发送新春祝福的同时，支持保护生物多样性的公益事业。

不难看出，官方的 NFT 藏品以宣传纪念为主，免费发行，借鉴 NFT 之名但去除其价值属性，或许是一种谨慎的"试水"与传播。

（2）2021 年记忆链新闻数字藏品

新华社发文宣布于 2021 年 12 月 24 日 20：00 通过区块链 NFT

技术，发行限量藏品。据悉，这套藏品精选了2021年新闻摄影报道，进行铸造，是中国首套新闻数字藏品。首批新闻数字藏品预发行11张，每张限量10 000份，还将推出仅发行1份的特别版本。所有藏品均免费上线。据介绍，这套新闻数字藏品记录了2021年很多珍贵的历史时刻，是特别的年终总结，更是写入元宇宙世界中的数字记忆。据悉，该NFT由腾讯云至信链提供区块链底层技术支持。

这是中国首套新闻数字藏品NFT，其具有非凡的意义。新闻数字藏品在区块链上拥有唯一的标识和权属信息兼具特别的纪念意义和收藏价值。

特别强调的是，申领人只有收藏的权利，版权仍归新华社及原版权人所有，该活动是公益性免费性活动，禁止以任何方式商用，除非获得版权方授权。

（3）支付宝NFT付款码皮肤[①]

2021年6月23日，支付宝限量发售了两款NFT皮肤，分别是"敦煌飞天"和"九色鹿"皮肤。全球限量发行，仅16 000张。该NFT基于蚂蚁链发行，具有蚂蚁链专属编码。如果要购买，需要10个蚂蚁积分以及另付9.9元。之所以叫皮肤，是因为该NFT所对应的敦煌飞天图片可以作为支付宝付款页面的背景图片。这意味着购买该皮肤后，用户的付款码页面在全球支付宝用户中绝对是万里挑一。

---

① 参见 https://antchain.antgroup.com/solutions/acdc。

值得注意的是，虽然用户购买的皮肤具有 NFT 属性，但实际上拥有的还是该数字作品在特定场景的使用权，并不拥有 NFT 对应的数字作品本身。这跟区块链世界提及的 NFT 具有非常大的区别。比如，该 NFT 用户购买后是无法交易的，因而也不可能具有增值的可能性。我们查看目前正在拍卖的数字艺术类 NFT 的规则说明，发现在 NFT 的版权说明中也提及作品版权为版权方所有，用户购买后不可进行版权相关的商业用途。同样地，在该皮肤发行的蚂蚁链粉丝粒平台（鲸探）上交易的其他 NFT 艺术收藏品也具有上述限制。

在蚂蚁链看来，NFT 就是解决数字艺术品确权的一种有效和可靠的技术手段。这与国外 NFT 交易所有本质上的区别，所以蚂蚁链 NFT 只允许在有限范围内欣赏、收藏和展示，无法像商品和加密货币一样在二级市场进行交易，在很大程度上断绝了市场炒作和哄抬价格的机会。

至于很多人质疑 NFT 的版权问题，其实主要原因是不同的人对 NFT 存在不同的理解和认识，即对所交易的"财产"概念和性质有不同的定义。实际上，我国《著作权法》第 18 条规定：美术等作品原件所有权的转移，不视为作品著作权的转移。因此，用户购买 NFT 数字艺术品时实际上得到的只是艺术品的所有权，并不包括版权。所以，蚂蚁链 NFT 数字艺术品的版权不发生转移，并非特立独行，而是无论是在传统艺术领域还是区块链 NFT 艺术领域都应该遵守的法律规定。

此外需要说明的是，NFT 只是一种载体，而非内容和艺术本身。任何一件数字艺术品，抑或是更大范畴上的数字商品，最该关注的仍应是商品自身的价值归属。在数字艺术创作中，使用什么技术创作、在作品完成后是否选择将它上链、最终以什么形式完成交易，理应是三件相互独立的事情，而不能混为一谈并以此为噱头进行炒作。

蚂蚁链负责人在回应相关媒体时也曾反复强调，蚂蚁链推出NFT的举动旨在鼓励并推动保护数字创作的知识产权，而不涉及任何炒作。

但戏剧性的是，该NFT的迅速传播仍得益于炒作。尽管有种种约束，但该皮肤推出后还是受到了市场疯抢，在闲鱼上甚至出现了几十万甚至上百万的二手交易，"敦煌飞天"NFT最高被炒到了一个150万元。

即使是在蚂蚁链这样的无币区块链上，NFT藏品火热的一大重要原因仍然是炒作与投机。鲸探目前未开放交易，但依旧被投机者抓住了漏洞——持有180天后可转赠实名好友，第二次转赠需2年以后。有些人可能是因为喜欢而收藏或者跟风，更多的是期待开放转赠后可以私下流通。数字藏品目前的升值空间全部都在5倍及以上，腾讯奥迪价格（无成本价格）高达3 000元；画布（原价为0）高至200元；鲸探原价20元的敦煌藏品，目前二手转赠价格全部高于3 500元，一共8 000套；动漫《刺客伍六七》NFT皮肤原价20元，二级转赠价至少200元，其余藏品转赠功能还未开放，包括越王勾践剑、奥运火炬、马踏飞燕、圆明园虎头等。

鲸探藏品的用户生态大部分以区块链从业者为主，这些人熟悉NFT交易流程，明白背后的投机价值，甚至有专业的运营团队进行抢购、收购、包装与二次销售。不管是鲸探还是幻核，目前任何藏品每次发售基本上都是三秒卖光。在 2021 年 12 月底，鲸探的藏品用户仅 70 万，2022 年 1 月 19 日支付宝集五福活动上线，1 月 20 日鲸探用户暴涨到 100 万，1 月 22 号鲸探用户为 200 万。

趋势已经形成，但是入局的人大多数都是币圈、区块链技术以及股市用户。年轻用户并未大量进入，平台所倡导的艺术价值似乎并没有体现出来，反而在重重监管下更激发了平台 NFT 稀缺属性，炒作溢价毫不逊于 OpenSea 等国外平台。国内平台未来将走向何方，值得持续关注。

（4）腾讯幻核

腾讯发布国内首个 NFT 交易 App 幻核，并推出 NFT 产品——限量版十三邀黑胶唱片 NFT，首期 NFT 产品定价 18 元，限量 300 个。该 NFT 并不能在公开市场交易，用户暂时只有分享展示的权利。

总体来说，腾讯幻核平台与鲸探类似，但规模与市场评价均略逊于鲸探，却足见腾讯窥探区块链行业布局的一角。截至撰稿，腾讯核幻已于 2022 年 8 月关闭服务。

三、音乐

（一）总概

全世界的音乐人开始接受这种创新的媒介，NFT 为音乐产业注入新的活力。从未发行的曲目到独家完整专辑，音乐人们现在可以直接以 NFT 的形式发布他们的歌曲，并直接从他们的歌迷那里获得收入，且无须任何中间商。

不需要与唱片公司、发行商和出版商等中介机构打交道，音乐人现在可以根据用户愿意支付的价格获得公平的份额。例如，林肯公园的迈克·希诺达（Mike Shinoda）在他的一个 NFT 上收到了 1 万美元的出价，这重申了 NFT 的潜力。他表示，扣除费用后，他将永远不会从数字服务提供商那里得到接近 1 万美元的价格。

回顾音乐产业发展史，自从 1877 年音乐录音诞生以来，音乐产业就与技术紧密相连。从黑胶唱片、磁带、CD 等实体音乐载体到 Spotify 等流媒体的出现，再到如今的音乐 NFT。几乎每一次重要的技术迭代都会触动既有利益分配格局。

那么，音乐 NFT 会如何颠覆音乐行业？会为创作者带来什么利益？是否会在未来迎来爆发？

（二）国外作品

音乐 NFT 是以独特的不可替代代币的形式记录在区块链上的音乐曲目，这些代币完全属于 NFT 的所有者。不过，与下载到手机上的 MP3 不同，音乐 NFT 也可以出售，并允许音乐创作者在每次二级市场销售中赚取版税。

音乐 NFT 可以以多种形式出现。它可以是音频文件、视频、专辑封面、音乐会门票和签名商品等。

音乐 NFT 的生产与销售原理与其他 NFT 相同。音乐人决定他们想向粉丝出售什么，无论是音频文件、音乐会门票还是商品。然后确定将在哪个区块链上铸造 NFT，或者使用哪个音乐 NFT 平台。目前可用的一些音乐 NFT 平台是 NFT TONE、Opulous、OpenSea 等。在确定了平台后，音乐人即可通知粉丝 NFT 的发布。

由于音乐 NFT 无法复制，音乐人可能会决定一次性出售音频文件，出价最高者拥有原始文件，但不拥有版权。音乐人也可以为同一音频文件创建有限数量的 NFT，比如 10 000 个，然后将它们放在音乐 NFT 市场上出售。

每个购买音乐 NFT 的用户都是作品的所有者。持有者可以将音乐 NFT 储存在他们的加密钱包中，如果他们愿意，也可以将 NFT 以更高价出售，而创建 NFT 的音乐人也可以从作品的转售中获利。

1. Audius[①]

Audius 是一家基于区块链的去中心化音乐流媒体平台，音乐人可以在这里上传他们的创作供他人欣赏。尽管它看起来可能类似于 Spotify 或 SoundCloud，但它是一个分布式的平台，将音乐人的内容存储在公共区块链上，对所有人来说都是透明的。使用该平台的一个优点是，除非创建者允许，否则任何人都不能更改内容，从而保护创建者的权利。此外，音乐人有机会制作他们想要的音乐类型。

---

① 参见 https://audius.co/。

Audius 的功能与其他音乐流媒体服务非常相似。用户可以根据自己的音乐喜好发现来自世界知名音乐人或知名创作者。用户还可以选择收听平台策划的播放列表或创建自己的播放列表。

与其他流媒体主要的区别在于 Audius 的动力来自它的奖励和治理标记 Audius 代币（AUDIO），它赋予听众和音乐人权利。创作者可以通过上传他们的作品、音乐或其他应用程序来获得音频代币，以改善 Audius 体验，然后使用音频代币投票支持平台改进。

代币持有者还可以获得个人资料徽章。根据 Audius 上持有的音频代币数量，这些徽章分为四层，每一层都有其特殊的特权。最重要的是，Audius 允许代币持有者参与决策过程，可以投票支持或反对平台上的任何变更提议。

该平台还引入了 Audius 收藏品，音乐人可以在其个人资料上直接展示他们的 NFT。Audius 将所有音乐人的 NFT 集中在一个区域，向听众展示。该功能可作为音乐人个性化其个人资料和通过独家 Drop 将其作品盈利的替代方式。

2. Pianity[①]

该项目所交易的 NFT 类似身份标识，即便不购买也可以免费收听，购买后用户不拥有音乐作品相关的版税和著作权，但可以通过 NFT 本身的升值来获利，平台逻辑相对简单，项目数量也比较多。

---

① 参见 https://pianity.com/。

Pianity 上的音乐作品可以竞拍或按照一口价购买，每个 NFT 有相应的发行数量和稀有度等级。目前平台内还没有建立二级交易市场。项目发行了平台内的流通代币 PIA，并定价为 0.1 美元，但目前不能交易，并非真实价格。

目前市场有约 4 000 个 PIA 持有者。除了 2 个项目地址的持币份额之和超过了 90% 之外，其余都小于 1%，持有比较分散。

3. Opulous[①]

版税 NFT 是将音乐未来的版税收益，通过 NFT 的形式上链，这类平台大多带有众筹发行的性质。根据版税涉及范畴的不同，又分为链下收益和链上收益，链下收益是受到法律保护的、非常繁复的传统版税体系，是链圈拓展边界的深水区；链上收益则是基于链上商业模式的营收，是由智能合约定义的全新营收方式，计算和分发方式都和链圈的传统方式类似。

Opulous 将音乐作品在链下的版税收益转化为证券，通过 NFT 的形式发行售卖给散户投资者，是市面上版税收益权范围最广、和现实世界交融度最高的项目。Opulous 也支持音乐人通过抵押未来版税来融资，未来会发展为基于音乐 NFT 的借贷平台。

Opulous 在 2021 年 11 月发售了唯一一个 NFT，包含音乐作品在现实世界所有版税收入中的 50%。其具体发行方式为：项目方以歌名为名，成立一家公司，将音乐作品 100% 的知识产权和商业使

---

① 参见 https://opulous.org/。

用权让渡给这家公司，再以这家公司的名义在公开场合发行证券，融资上限为 50 万美元，投资者以法币购买证券，并共享未来所有版税收益的 50%，但不拥有音乐作品原始的知识产权和商业使用权。之后，项目方会根据投资份额，给每个投资者分发 NFT 及未来的版税收益。

由于涉及链下权益，因此权益分发也会受到链下限制。其一，版税收益无法实时结算，项目方规划从 2021 年第 4 季度开始产生收入，每季度分发收益，通过加密稳定币（USDC）打给用户的 Algo 钱包。其二，由于这些 NFT 本质上是证券，受到美国证券交易委员会（SEC）监管，因此在前 12 个月内不能交易。

4. Eulerbeats[①]

Eulerbeats 是一个生成性音乐创作平台，用户可以在链上用算法生成音乐 NFT、或将几个 NFT 混录成新的音乐 NFT，并在平台上或二级市场交易。平台初期发布的少数 NFT 的持有者，拥有完全的商业使用权，其他 NFT 持有者则只拥有个人使用权和链上版税收益。Eulerbeats 将音乐创作的源头阶段放在了链上，并且规划了基于链上交易和使用的版税营收方式，展示了一个完整的链上音乐产业图景。

Eulerbeats 现有三个 NFT 系列，分别是 Genesis、Enigma 和 Futura。前两个系列分别由 27 个 NFT 组成。与旧主记录相似，每个 NFT 集都有一个独特的、不可替代的原始代币和一系列可替代的副本代币。

---

① 参见 https://eulerbeats.com/。

每个 Genesis 和 Enigma 原始 NFT 总共可以铸造 119 枚和 160 枚副本代币。出售时，代币持有人可以选择通过消耗其副本，获得高达当前成本 90% 的退款。每枚代币价格的 8% 发送给原始持有人，2% 用于 EulerBeats 项目。

来自 Genesis 和 Enigma 的 NFT 使用联合曲线公式定价。因此，当代币持有者从原始代币创建新的副本时，后续价格会呈指数增长。

最具创新性的生成音乐平台是争议最大的平台，对于随机生成音乐是否具有艺术价值、平台商业模式是否是庞氏骗局等质疑声音也最为激烈。

（三）国内作品

国内虽然由于监管政策等原因没有形成规模化的音乐 NFT 交易平台，但不乏知名音乐人与大型传统互联网音乐平台在 NFT 方向上进行有益的探索。

2021 年 3 月，高嘉丰在 NFT 交易平台 OpenSea 发布了一个 7 秒的音频 NFT，卖出了近 1.6 万元的价格，打响了国内音乐 NFT 的"第一枪"。5 月，阿朵通过阿里拍卖发布国内首支 NFT 数字艺术音乐作品《WATER KNOW》，并将封面和歌曲的署名权公益拍卖，成交价达 30 万元。

作为中国音乐平台之首，QQ 音乐也布局 NFT 赛道。2021 年 8 月 10 日，胡彦斌的 20 周年纪念黑胶 NFT《和尚》在 QQ 音乐平台开启购买资格的抽签预约，限量发售 2 001 张，并在 8 月 15 日正式发售。

作为社交、娱乐、音乐资源丰富的在线音乐平台，腾讯音乐的入场似乎有着得天独厚的优势，也无疑会加速全行业对音乐作品NFT化的尝试，对NFT在音乐领域应用的探索也具有积极作用。

总体来看，国内音乐NFT还处在初步探索阶段，未来发展前景广阔。

音乐NFT在全球范围内给予创作者更多的控制权，使他们能够更积极地选择自己想要制作的作品，以及选择如何将其传播给粉丝。通过取消中介机构和审查制度，全世界的艺术家和音乐家可以直接向听众提供一种更无与伦比的体验。通过NFT，粉丝们不仅可以直接支持他们喜爱的音乐人，还可以获得额外的内容或津贴。

通过区块链技术的力量，创作者可以访问范围更广的新曲目和声音，同时仍能融入自己的独特风格。生成性艺术与现代声音制作技术的结合为粉丝们选择各种NFT铺平了道路，这可以释放比以往任何时候都更大的创造力和意想不到的结果。

由于新冠肺炎疫情的暴发，NFT也成了以前依赖现场演唱会（GIGS）的独立音乐人的新灯塔。截至2021年5月，超过57%与音乐相关的NFT销售是由独立音乐人制作的。换句话说，这些音乐人不再受传统唱片公司的束缚，可以自由地直接向歌迷推广他们的音乐作品。

尽管音乐NFT还处在发展的初级阶段，各类商业模式尚在探索，但它对于培养用户为数字音乐付费的习惯，建设良性的音乐生态环境，推动音乐产业发展等方面仍具有重大且深远的意义。相信在腾讯音乐入场之后，未来也会有更多的音乐人参与到 NFT 领域，音乐与 NFT 也会有更加广泛和深度的结合。

四、体育

（一）总概

世界各地有数以百万计的球迷，体育运动将来自不同国家和背景的人们团结在一起。当来自各行各业的支持者聚集在一起观看他们最喜爱的球队和球员决一胜负时，这已经成为一种情谊。

NFT 为运动队和运动员引入了一种新的方式来与他们的球迷交流，并为普通球迷提供了另一种方式来支持他们喜爱的球队和球员。这一发展开创了体育收藏品的新时代，在某些情况下，允许球迷在他们喜爱的俱乐部中发挥决策作用。

大多数体育 NFT 是作为交易卡或游戏件，用户可以参与激动人心的活动，并在游戏中相互竞争。一些运动队还提供在购买 NFT 时解锁额外津贴，例如有机会亲自见到球员并影响球队决策。

包括 NBA Top Shot 和 Sorare 在内的多个 NFT 项目已授权与主要体育特许经营公司合作。另外，Chiliz 更专注于通过粉丝代币提高粉丝参与度，这将解锁包括限量版 NFT 在内的独家优势。除此之外，官方性质的奥运 NFT 等纪念章入场 NFT 赛道。基于体育市场的完整性与广泛参与性，体育 NFT 发展前景较为清晰。

（二）应用

1. NBA Top Shot[①]

对于篮球球迷来说，NBA Top Shot 是他们的完美平台。在这里，可以买卖"瞬间"（Moments），NBA Top Shot 是一种官方授权视频剪辑为特色的 NFT。你可以把这些"瞬间"想象成一张传统的篮球交易卡，上面有现代的数字图案。每一个"瞬间"都有多个副本，并标有"循环发行"（CC）标签或"限量版"（LE）标签。"CC 标签"意味着这一"瞬间"的供应量可能会在新发行后进一步增加，而"LE 标签"意味着未来不会发布这一"瞬间"的新副本。

用户要开始收藏，只需在 NBA Top Shot 上创建一个简单的账户，然后在钱包里充一些资金。目前，平台只支持五种加密货币——比特币、以太坊、比特币现金、莱特币和美元稳定币。

用户可以通过购买和打开 NBA Top Shot 的瞬间包，可以理解为"区块链盲盒"，打开瞬间包，将产出随机的精彩瞬间。这样的购买被称为"发行"（drops）（初级市场销售），drops 在预先选定的时间进行。

如果你错过了买 drops 的机会，你可以在 NBA Top Shot 二级市场销售（Marketplace）上从其他用户那里购买"瞬间"。根据"瞬

---

① 参见 https://nbatopshot.com/。

间"的稀有性和层次，价格可以从 4 美元到 20 万美元不等。

请注意，并非所有瞬间包适用于所有人。虽然有些瞬间包是专门为首次收藏者提供的，但具有更高稀有时刻的包装可能要求收藏者在购买前获得特定的收藏者分数。收藏者分数是根据你收集的瞬间的稀有性和层次来计算的。

NBA Top Shot 发行所在的区块链资金流动性较高。这意味着用户购买"瞬间"后，有权将其立刻转售给其他用户，可以对市场中的物品进行排序，以找到价格最低的"瞬间"或具有独特属性的"瞬间"，如与球员球衣号码对应的序列号。需要注意的是，在 NBA Top Shot 二级市场进行销售，将被收取 5% 的交易费用。

如果想要了解更多关于过去交易和历史价格的信息，用户可以前往 Own The Moment 或 Evaluate.Market 网站。在这里，用户可以获得"瞬间"的最大影响因素以及流通分布，甚至可以通过用户名来评估其收藏的价值。

NBA Top Shot 的另一个有趣的玩法是参加挑战赛，这要求用户获得并持有特定的"瞬间"，以获得独家"瞬间"作为奖励。要完成挑战并获得奖励，用户需要等待特定的时间。

NBA Top Shot 不仅是一个收藏品，也是一个 NBA 球迷聚集在一起的平台，通过收集这些特殊"瞬间"来庆祝最佳扣篮和三分球的社区。NBA 对 NFT 的参与使他们能够以一种与当今数字化世界相关的、全新的、创新的方式与大批球迷接触。

2. Sorare[①]

与 NBA Top Shot 类似,玩家可以购买玩家卡形式的 NFT,可以使用球员卡组建自己的梦幻足球队,玩家选择的球员的真实表现将决定自己球队得分。

这很像传统的梦幻足球,作为一名教练,玩家可以选择自己的球队参加本周比赛,分数将根据他们的表现计算。在 Sorare,玩家可以选择五名球员并任命一名队长加入游戏中的竞赛名单。Sorare 给每个获得授权的球员发行了不同稀有度的球员卡。在 Sorare 内,真正有收藏价值的卡片分为三层,每一层都数量有限。"稀有"(rare)有 100 个副本,"超级稀有"(super rare)有 10 个副本,"独一无二"(unique)有 1 个副本。

这些独特的卡片很值钱,如果玩家拥有世界级的天才,比如基利安·姆巴佩(Kylian Mbappé)或克里斯蒂亚诺·罗纳尔多(Cristiano Ronaldo)的球员卡,那就更值钱了。2021 年 3 月,罗纳尔多的球员卡独特版本被卖了令人难以置信的 290 000 美元。

玩家可以在市场上寻找最强壮的球员和最喜欢的球员来加入阵容。玩家也可以从市场中的其他经理处购买现有玩家卡,或通过参与市场拍卖购买新玩家卡。如果价格被其他用户出价超过,玩家将立即获得退款。

球员得分显示的是球员在球场上的表现,而卡片得分是根据全员得分加上卡片规定的额外奖励得出的。例如,假设玩家有一张罕

---

① 参见 https://sorare.com。

见的牌，这张牌会在球员得分的基础上额外奖励得分的10%，如玩家得分为80，卡片奖励为10%，因此，本周的卡片分数为8（即 80 × 10%）。

虽然稀有度越高，奖励越高，但经验值可以帮助玩家提升到下一个级别。每周每玩一张牌，玩家都会获得历练点，历练点会逐渐提高该牌的等级，每达到一个等级，玩家会额外获得0.5%的奖励。请注意，一张卡最多可以升级20次，但升级大约需要三年时间。

作为一个足球比赛游戏，联赛是Sorare的主要特征之一。联赛分为四个不同的组别，每个组别都有其卡牌要求，以确保更具竞争力的比赛环境。例如，第4组需要至少有4张稀有球员卡，而第1组需要至少3张独特的球员卡才能参与。

Sorare将传统的足球游戏体验与数字收藏品相结合，吸引加密爱好者和足球迷。虽然这看起来像是一次赢钱的经历，所有最稀有的牌都会有最强的奖金，但你总是可以使用免费提供的牌建立你的队伍，并从那里爬到"顶端"。

3. Chiliz[①]

尽管球迷是任何球队的重要组成部分，但他们很少参与推动球队成长和未来发展的决策。Chiliz提出通过在其平台上提供粉丝代币来改变这一现状，让铁杆粉丝有权在决策中投票，接触一群志同道合的支持者，并有机会参加以NFT奖励粉丝的独家活动。

---

① 参见 https://www.chiliz.com/zh/。

通过与尤文图斯足球俱乐部等大型足球俱乐部，甚至与纳塔斯·文塞尔（Natus Vincere）等电子竞技组织合作，Chiliz 已经能够通过 Chiliz 交易所提供各自球队的球迷代币。以本地代币 CHZ 用作交换货币，并在它们的粉丝奖励应用程序 Socios 上使用。

如前文所述，这些球迷可影响团队的决策，例如为队长袖标选择信息，甚至设计新的球队巴士装饰方案。更有吸引力的是，球迷只需要一个代币就可以获得投票权，然而拥有更多的代币会给你更多的权利以影响球队的某些决策。

Socios 应用程序为球迷提供了一体式体验。球迷可以预测比赛结果并与其他人竞争以赢得大奖，比如签名球衣、比赛日 VIP 体验。此外，在一个类似于"神奇宝贝"的概念中，球迷可以通过参与每日代币搜寻获得免费的粉丝代币。Socios 也有名为 SSU 的粉丝代币，可用于投票决定应用程序的更改和附加功能。

除了粉丝代币，Chiliz 已经制定了在平台上加入 NFT 的重大计划。通过集成 Chainlink，合作伙伴俱乐部可以实时创建 NFT，无论是用于体育赛事现场直播还是纪念俱乐部历史上的特定时刻。此外，Socios 用户有机会获得准确预测比赛的奖品。这些 NFT 最初将基于以太坊，但最终将在未来的其他区块链上得到支持。

4. 奥运 NFT 以及其他官方纪念活动

2021 年 6 月 17 日，国际奥委会（IOC）和 Animoca Brands 旗下子公司 nWay 共同推出了奥运会收藏 NFT 徽章并正式发售。根据收藏品不同的稀缺性，东京奥运会发行收藏 NFT 系列价格从 9 美元到 499 美元不等。

总的来看，在体育领域，NFT 的作用主要分为两类。第一类主要聚焦于体育赛事及峰会，以门票等数字所有权凭证为主要的 NFT 呈现形式。而另一类，则更多强调粉丝经济或产品属性，例如基于区块链的收集游戏 NBA Top Shot，以球星高光瞬间卡牌的产品方式掀起了投资浪潮。但总体而言，NFT 在体育领域，主要通过所有权证明从而构建新型的体育生态经济模式。

至于粉丝代币，尽管它们并不完全是 NFT，但它们在弥合体育和加密之间的鸿沟发挥着重要作用。就像用户展示这些 NFT 作为其身份的一部分一样，粉丝可以通过粉丝代币展示他们的支持程度。粉丝代币并没有成为体育 NFT 的一种竞争形式，而是具有协同关系。它们的主要目标是给粉丝们更好的体验，吸引更多的注意力到数字收藏品赛道。

五、游戏和元宇宙

（一）总概

游戏总是建立在由中心化实体控制的运营商中。开发者或发布者规定了系统的规则，并且通常对游戏中的货币有严格的条件。

玩家通常被限制以法定货币出售游戏物品或资产。通常他们不得不求助于非法使用第三方平台，并依赖不安全的私下交易。最重要的是，数字资产最终由开发者拥有和控制。

虽然大多数玩家可能满足于现状，但不可否认的是，这些限制是存在的。许多玩家看重他们的虚拟财产，但如果游戏开发者有权从玩家手中"夺"走这些财产，他们真正拥有这些财产吗？从技术角度来看，游戏之间的虚拟交互也受到限制，有价值的物品被锁定在特定的游戏中，除非大型长期运行的系列游戏拥有强大的开发团队（如神奇宝贝）。

现在想象一个数字世界，与游戏相互连接，玩家可以在彼此之间移动化身、资产和货币。如果你看过电影《头号玩家》(Ready Player One)，你可能会对这个游戏天堂的想法产生共鸣。在传统游戏中，我们可以想到的一个例子是神奇宝贝家庭（Pokémon HOME），这是一款移动应用程序，可以通过"云"将神奇宝贝从不同的神奇宝贝系列和任天堂游戏机中"转移"出来。然而，神奇宝贝以及所有游戏的问题在于：一是游戏交互性仅限于神奇宝贝系列，而不限于其他游戏；二是创建"盗版神奇宝贝"是一个非常普遍的现象；三是玩家自治仍然受到开发者的限制；四是没有合法的方式以现金或其他虚拟资产出售资产。

开发人员意识到传统游戏的局限性，他们正在利用区块链技术构建游戏，让玩家对游戏中的物品和货币拥有更大的自由和自主权。这一过程的很大一部分涉及创建NFT和代币来表示数字资产和游戏中的货币。

一旦游戏中的货币和物品被部署为代币和NFT，它们就可以在去中心化交易所（DEX）和 NFT 市场上被使用。换句话说，玩家可以自由交易这些物品，并将其兑换成其他加密货币，如 Dai、USDC、以太坊，甚至其他游戏资产。这是玩家更大的自主权的体现，因为 NFT 提供了真正的所有权。

同时，代币和 NFT 的使用还抑制了黑客攻击事件的发生，因为区块链提供了安全性。然而，应注意的是如果智能合约（如无限制的铸币）或游戏本身（如地图黑客、无限制的能源生产等）存在缺陷，则仍可能发生其他形式的黑客行为。

我们将对新兴的区块链游戏市场进行阐述，并深入探讨新兴的"玩赚"（Play-to-Earn，P2E）经济。最后，将简要介绍元宇宙中 NFT 的应用——元宇宙不是本书讨论的重点，这里将其归为游戏类，是出于市场的考量。到目前为止元宇宙的大部分应用还是以娱乐性为主，参与者都可称之为"玩家"（player）。

（二）项目

1. Axie Infinity[①]

Axie Infinity 最早由 Sky Mavis 游戏工作室于 2018 年开发。在 Axie Infinity 游戏中，虚拟宠物（Axies）和虚拟土地（Lunacia Land）都表示为 NFT。这些 NFT 主要在 Sky Mavis 的以太坊侧链 Ronin 上交易。该游戏具有革命性，以至于我们可以从中发现 NFT

---

① 参见 https://axieinfinity.com/。

游戏市场发展趋势。Axie Infinity 本质上是一款基于元宇宙概念的 NFT 游戏，2021 年 6 月，它的销售额突破 1.21 亿美元，整月收入为 1 200 万美元，其中游戏的市场费用收入为 529 万美元，养殖费用收入为 693 万美元。从 7 月开始，Axie Infinity 被更多人熟知，收入已达 1 252 万美元，其中市场费用收入为 373 万美元，养殖费用收入为 878 万美元，目前玩家已经突破 35 万。

这是一个让所有人都可以通过玩法技巧挣代币，并且为生态系统带来贡献的游戏。Axie Infinity 的玩法与精灵宝可梦系列游戏类似，这是一个策略游戏，获胜更多取决于技巧而非运气。玩家通过对战环境（PVE）以及完成日常任务来获得 SLP（Smooth Love Potion）代币，用以喂养新的 Axie。

游戏规则很简单：在进入游戏之前，玩家需要先用虚拟货币购买三只名为"Axie"的宠物，并利用它们进行繁殖，获得新的 Axie。不过新玩家并不是从 Axie Infinity 官方或 Sky Mavis 公司购买 Axie，而是直接从老玩家那里购买，因此玩家可以向其他人售卖这个宇宙的"门票"。

Axie 不是凭空出现的，为了满足新玩家对 Axie 的需求，老玩家可以从现有的 Axie 繁殖出新的 Axie，每只 Axie 最多可以繁殖 7 次且不能近亲配对，需要消耗 4 AXS（Axie Infinity Shards）和数量持续增加的 SLP 代币，以此来控制 Axie 的产出速度，减缓通货膨胀。

由于 NFT 资产的特性，每只 Axie 都独一无二并完全属于玩家。因此，Axie 可以被直接出售，以换取其他玩家手中所持有的虚拟货币，兑换成现实中的法定货币。这就是所谓"玩赚"的核心流程。

此外，相较于以往完全侧重于交易属性的区块链游戏，Axie Infinity 在可玩性上要高很多。Axie 赋予了许多新的使用场景，交易的人群不再局限于相互转手牟利的玩家，还包括真正想要收集强力 Axie 用于对战的玩家，进一步增强了资产的保值性与交易市场的活力。

长期以来，加密技术备受大家吐槽的一点在于它没有现实的价值和应用。Axie Infinity 在这一点上有很大改观。与传统卡牌类游戏相比，Axie Infinity 有两点不同：首先，在产品形态上，这款游戏中的资产和交易系统都基于以太坊区块链，游戏内的角色 Axie 以及土地等资产也均为 NFT，都是区块链上公开可见且具备唯一性的数字资产，可以售卖给任何地方的任何人。其次，在商业模式上，以 NFT 角色为基础，这款游戏构建了一套相对完善的闭环经济系统。

在公司层面，玩家在市场中购买和销售 Axie 时都要缴纳 4.25% 的手续费，而且还通过收费的方式打造新的代币 AXS 和 SLP。

在玩家层面，玩家既可以通过购买游戏内的虚拟货币，对 Axie 进行购买、培养、战斗及繁殖，也可以通过售卖 Axie 或兑换游戏内的虚拟货币来获利。

在传统游戏里，玩家操控的游戏角色所有权属于开发商，而在 Axie Infinity 中，玩家们一旦购买了 Axie，就获得了拥有权，可以自行决定其未来的发展或完成其他任务获得真实收入。如果玩家不想继续玩了，只需把持有的 Axie、SLP 和 AXS 代币卖掉即可。

目前，SLP 和 AXS 都可以在大多数去中心化平台（DEX）进行交易，未来还可以在 Axie Infinity 自己的 DEX 平台上交易。

在整个过程中,"买宠繁殖—对战打币—卖出换钱"的循环模式就被建立了起来。而在交易中,所获得的资金收益有95%会归玩家所有,剩下的5%则将流入"社群金库",作为维持游戏运转的成本以及活动奖励的来源。

以往一款游戏推出,可能会投入数百万元用于营销,然后大多数利润由游戏公司保留起来。与之相反,Axie Infinity 没有投入任何营销费用,创造出的大部分价值也属于玩家,这反而可以为游戏本身带来更多的黏性用户和扩张机会。

另外,全新的土地游戏(Land Gameplay)也将上线,其中包含模拟经营、社交等功能,进一步扩展了 Axie 的使用场景。用他们的话来说,"如今的 Axie Infinity,可能只完成了设想中的15%—20%"。在未来,这个虚拟世界仍然会继续扩张。

对于普通玩家来说,每天获得的上限是 200 SLP,当时现价是 52 美元,头部 PVP(Player-to-Player)玩家每天则最多能获得 600 SLP。这笔收入在发达国家并不高,但对于许多发展中国家来说,已经是可以改善生活的一大笔收入。从这个意义上来讲,Axie Infinity 的确具有划时代的意义。

但这样的价值似乎是反常识的——游戏本身并不创造现实中"有用"的价值,那玩家赚取的钱来自何处?

玩赚游戏依赖于区块链技术,因为玩家可以在玩游戏时以加密代币、非同质化代币的形式,以及通过被称为"权益质押"的过程赚取物品。这类游戏将通过提供上述数字资产对玩家进行奖励。

举例来说,在 Axie Infinity 的游戏世界里,玩家可以得到代币,并在交易所里卖掉它们,然后换成法币或者稳定币。

玩家还可以在一个专门的市场上以 NFT 的形式向其他玩家出售或交易土地和武器等数字资产。由于这些物品将被代币化,它们是无法复制的独特资产,这些物品的代币被安全地存储在一个分布式分类账中。

现阶段很多关于"玩赚"的游戏或者 NFT 的宣传,"玩玩游戏就能赚钱""一张图片售出数百万美元"等宣传语,让玩家很难不将 NFT 与"投资""赚钱"等关键词联系起来,但在褪去目前市场的各种泡沫和包装之后,NFT 和大多数人所拥有的电子产品、汽车一样,是一种以数字形态存在的消费品。

换句话说,"玩赚"模式的"赚",永远由下一位玩家买单。"玩赚"游戏依赖于区块链技术,因为玩家可以在玩游戏时以加密代币、非同质化代币的形式,以及通过被称为权益质押的过程赚取物品。许多这类游戏将通过向玩家提供上述数字资产之一来奖励玩游戏。玩家的预期收益来自于项目代币估值,也就是说玩家相信会有下一个玩家来买走手上的资产。

这会是一种新型的庞氏骗局吗?或许我们应该以更审慎的眼光看待"玩赚"游戏。

2.Gods Unchained[①]

让我们来看看较为传统的区块链 NFT 游戏。《神无羁绊》(Gods

---

① 参见 https://godsunchained.com/。

Unchained）是2019年推出的一款免费战术纸牌游戏。它的游戏性非常类似于炉石。由《魔法：聚集竞技场》的前游戏总监指导，该游戏专注于竞技性游戏，这意味着玩家必须通过打造能够对抗各种战术的牌组，在战略上击败对手。

在《神无羁绊》中，玩家以NFT的形式完全拥有自己的数字物品，主要是交易卡，让他们可以自由交易、出售和使用自己喜欢的卡，就像拥有真实、有形的卡一样。

有几种游戏模式可供选择。独奏模式让玩家对抗电脑对手，专为玩家训练和测试新牌组而设计。构造模式允许玩家在线面对对手，允许玩家获得经验值、升级和解锁新卡。

如果你是一个真正的竞争对手，想要提升排名，你就必须进入排名榜。除了获得经验点外，玩家还可以解锁奖品并获得名为Flux的本地代币。

新玩家将获得140张卡作为欢迎卡。这些预先制作的套牌旨在通过分享六位神（类型）中每一位所提供的不同特征和策略，让新玩家轻松进入游戏。此外，还提供基本卡，称为"核心卡"。

尽管大多数卡是作为NFT铸造的，但一些卡，特别是免费核心卡，不是在区块链上铸造的。游戏中获得的核心卡不是区块链原生的，但可以融合在一起以提高其质量。通过融合，这些卡在区块链上铸造为实际的NFT。玩家可以用它们换加密货币来获得想要的卡来完成自己牌组。

3.Ubisoft Quartz[①]

2021年12月8日,育碧在官网发文推出了自己的游戏区块链平台"育碧石英"(Ubisoft Quartz),建立在基于PoS协议的Tezos区块链上,育碧将游戏内的虚拟物品制作而成的NFT称为"Digits",而玩家则可以通过育碧石英购买自己喜欢的Digits,并在游戏中使用,或者放在第三方交易平台进行交易。

对于Digits,育碧宣称,"这是第一个可以在3A游戏[②]中使用并采用了节能技术的NFT",而育碧石英自然就成了第一个面向3A游戏的NFT购买平台。这是传统游戏大厂首次亲自下场角逐NFT游戏赛道,被寄予了相当高的期望。

目前,根据育碧官网的资料显示,2019年上线的3A游戏《幽灵行动:断点》成为育碧旗下首个包含NFT元素的3A游戏,育碧石英在同年12月9日、12日和15日向玩家限量免费发放游戏中的NFT物品。

但育碧此举也引来了大量玩家的不满。有反对育碧的网友发帖表示,"未来游戏所有的焦点都将被放在NFT上。所有好的服装都将是NFT,也只有那些买得起的人才会有很酷的东西。他们会将资源和时间投入到肤浅的体验中,而不是专注于制作高质量的游戏。这种情况已经在微交易和开箱游戏中存在多年了"。

这种反应其实也不难预见,目前国内很多玩家习以为常的游戏内微交易,依然被很多欧美玩家所不齿。此次将NFT与3A、主机

---

① 参见 https://quartz.ubisoft.com/welcome/。
② 3A游戏是开发成本高、开发周期长、消耗资源多的游戏。

游戏挂钩,更是被一部分网友视作压榨玩家钱包的方式,而所谓的NFT 的价值也会随着游戏的停更和淘汰而荡然无存。

这也印证了本书多次强调的结论:目前 NFT 涉局者多是投机者,不论是艺术、音乐还是游戏,更纯粹的玩家应该关注 NFT 的本身价值,而不是 NFT 因交易流通而炒作的泡沫。

(三)元宇宙

元宇宙(Metaverse)是虚拟增强的物理现实和物理持久的虚拟空间的融合,允许用户体验两者之一。Metaverse 这个词最早出现在 1992 年的科幻小说《雪崩》(*Snow Crash*)中,由前缀"Meta"(超越)和词根"Verse"(宇宙)组成。

简单地说,元宇宙可以理解为一个共享的虚拟空间,类似于我们对物理世界的体验。例如,玩家可以在数字世界中购买土地和车辆等虚拟资产、与朋友闲逛、参加活动等。

鉴于目前技术的局限性,元宇宙的全部潜力仍然未知。尽管如此,非区块链元宇宙已经存在多年了。例如,《开放世界》《沙盒》《上古卷轴 OL》和《我的世界》。这些视频游戏与类似于现实的虚拟空间相结合,给玩家带来与现实难以区分的体验。最近,一些人认为一个原始的元宇宙将包括 Twitter 和 Facebook 等社交媒体平台。

无论如何,新旧元对立之间存在着一个普遍的差异,即权力下放的程度。如果中心化数字世界的开发者决定停止运营,那么所有玩家都将失去他们的账户、任何宝贵的游戏进度和资产。此外,中心化非区块链平台通常给予开发者无限修改数据的权限，使他们成为数字世界中的"上帝"。

这种类型的虚拟现实只能提供非持久性实例，这违背了元宇宙能够在对象中提供持久性的要求。为了解决这一问题，开发者已经开始将虚拟现实游戏与区块链集成，让玩家能够访问永久记录在区块链上的资产，为他们在虚拟增强现实中拥有的数字对象提供"真正的所有权"。

此外，通过利用区块链技术，土地和数字货币等虚拟资产可以变得稀缺，因为所有东西都记录在分类账中。例如，即使项目发起人也无法在任何特定的数字区域创建更多的土地。一个去中心化的平台也可以将游戏的股份分配给社区，让社区成员有权对任何可能改变元宇宙的决定进行投票。

元宇宙是科技领域最热门的话题之一，促使很多公司投资数10亿美元。许多大型科技公司，如 Meta、微软和腾讯，也在大力押注元宇宙的潜力。在未来尚不明晰的情况下，我们可以保持乐观的观望。

《沙盒》是一个去中心化的虚拟世界，玩家可以在其中创建 3D 对象，以 NFT 的形式拥有数字资产，在扩展的元宇宙中构建和游玩，并将游戏中的体素艺术展现玩家所需的工具。体素艺术是一种艺术形式，其中三维模型完全由称为体素的微小三维立方体创建。

有趣的是，《沙盒》最初是由 Pixowl 制作的两款中心化手机游戏——《沙盒》（2012）和《沙盒：进化》（2016）。这两款游戏都是 2D 游戏，看起来灵感来自 Terraria，但《沙盒》更关注用户生成的内容。

值得注意的是，元宇宙中 NFT 商业模式与前文所提及的"玩赚"颇有些类似。以该游戏为例，《沙盒》由三个集成产品组成：VoxEdit、Marketplace 和 Game Maker，为玩家提供全面的游戏体验。VoxEdit 是一个免费的三维体素建模软件，允许玩家从体素中构造三维对象并设置其动画。艺术品作为 NFT 可以上传到 IPFS 网络（去中心化的存储系统），并在沙盒市场上发布，出售给潜在买家。Game Maker 允许玩家免费构建 3D 游戏，无须编码体验，因为该程序旨在提供易于理解的可视化脚本工具。类似地，艺术和脚本可以捆绑在一起，上传并作为 NFT 上市销售。最后，所有资产都可以作为创意元素，为庞大的元宇宙做出贡献，元宇宙由约 16.6 万块土地或沙箱中的数字房地产组成。

一方面，链游"玩赚"模式火热，但其价值值得探讨。链游最大的优势在于区块链技术使玩家拥有了对于游戏资产的绝对所有权和控制权（传统游戏中，中心化服务器的关闭、游戏开发商对于游戏的更改以及来自外部的恶意攻击都会使玩家失去对游戏资产的所有权）。区块链技术也对游戏收益的有放大作用，娱乐性反而是次要的。但随着区块链底层技术和各项性能的完善，市场对链游娱乐性的重视程度也在逐渐提高。正如前文所述，游戏还是应该考量其娱乐性，而不是投机性。

另一方面，大型单机游戏和主机游戏平台对 NFT 的态度比较保守。Steam 平台直接推出新规定，禁止 NFT 和区块链游戏上架。微软 Xbox 负责人菲尔·斯宾塞（Phil Spencer）也不看好 NFT 游戏，他认为目前 NFT 游戏的剥削性大于娱乐性。拥有《堡垒之夜》的 Epic Games 态度也比较谨慎，只允许 NFT 游戏在满足一定条件下上架旗下游戏商店。

当前"头最铁"的还是育碧，尽管受到大量抵制且销量惨淡，育碧还是计划继续推进 NFT 项目。育碧战略创新实验室副总裁尼古拉斯·鲍德（Nicolas Pouard）在最近一次采访中表示："数字藏品二级市场对玩家有好处，只是他们现在还不明白。"

六、实用 NFT

（一）总概

实用 NFT 是一类广泛的 NFT，具有特定的实际应用。与常规 NFT 不同的是，实用 NFT 的核心不是可收藏性，而是它们为 NFT 持有者提供的实际应用程序、奖励或津贴。从技术角度来看，实用 NFT 的工作方式与其他 NFT 相同。实用 NFT 已经开始在商业和流行文化世界中体现其存在感。最初在没有实用程序的情况下推出的 NFT 正在越来越多地演变为实用 NFT。除了拥有独特的 NFT 资产之外，NFT 的效用赋予它更多价值。NFT 创作者和平台在未来可以继续推出新的应用程序，以帮助培养 NFT 持有者的专属社区。随着 Web3.0 的发展，NFT 的实用性将越来越受到创建者和持有者的重视。

实用 NFT 本质上不是技术的创新，而是商业化的过程，是 NFT 发行方对其进行的二次创作，因此寻找恰当的落地场景，才能发挥 NFT 的最大效能与作用，例如营销、IP、治理等。实用 NFT 之所以受欢迎，是因为它吸引人们成为社区一部分。所有权可以授予会员某些权利和福利，如奖励、折扣或优先访问真实或虚拟的活动、艺术家和体育名人。这意味着 NFT 的价值由定义的用例驱动。实用 NFT 分为许多大类，包括社交 NFT、社区 NFT、游戏内 NFT 和体育 NFT 等。

（二）项目

1. ENS

以太坊名称服务（ENS）是一个建立在以太坊区块链上的开放、去中心化的命名系统。ENS 的主要目标是将机器可读标识符（如以太坊地址和 IPFS 内容哈希）映射到人类可读的名称。

出席证明协议（POAP）是一款可以记录用户参加活动的应用程序。例如，如果你参加过音乐会，实体票可以作为你出席的证明。然而，实体票可能会被放错地方，其证据也会永远丢失。

通过 POAP，与会者在参加特定活动时会收到一个以 NFT 表示的数字徽章，活动组织者可以将 POAP 作为出席活动的纪念品，进一步吸引与会者，并作为维系活动组织者和与会者之间关系的桥梁。

每个 POAP 都有一个独特的设计来代表事件。组织者还可以添加诸如私人聊天室等功能,甚至向POAP持有者发送代币空投,为与会者创造更丰富的体验。此外,活动组织者可以要求与会者通过投票决定未来的活动。

2. 数字藏品

数字藏品利用NFT,通过跨界、收藏卡等方式,和消费者进行互动。

必胜客在加拿大市场,曾推出一款"像素化比萨"NFT作品,此作品仅售0.0001 ETH(当时约0.18美元)。当时必胜客推出这款比萨是想表达一个理念,即让每个人都买得起比萨。这场营销活动,成功引发了大众的好奇心,并逐渐成为必胜客常规营销活动,而之后的每周必胜客都会发布一个新口味比萨的NFT。

一方面,支付宝在NFT上也率先迈出了步伐。支付宝除了在"蚂蚁链粉丝粒"小程序上限量发售与敦煌研究院推出的"敦煌飞天""九色鹿"付款码NFT皮肤外,还与《刺客伍六七》《青蛇劫起》等IP推出过联名付款码NFT皮肤。

另一方面,相较于将实体物品转为虚拟物品,移动游戏开发公司Animoca Brands则反其道而行之,从虚拟再回到真实。此前,Animoca Brands推出过一系列关于《布拉茨娃娃》玩偶相关的游戏,同时制作了"NFT娃娃收藏卡",其中一款限量的NFT可以兑换成实体娃娃玩偶。

总体来看,NFT营销手段只是借用了NFT当前的热度,并没有在其实用范围上进行有益的探索,甚至出现了像宝洁公司旗下卫生纸品牌 Charmin 推出的非同质化卫生纸（Non-Fungible Toilet Paper，NFTP）这样令人啼笑皆非的商品。

3. 票务

（1）传统票务交易问题

门票在我们的日常生活中具有非常重要的地位，实质上是一种用以证明参加如体育赛事、音乐节等活动的权利机制。常见的门票形式包括纸质票、二维码、智能卡、芯片等。当今票务市场正在不断扩大，每年的交易总额达上亿美元，可见其需求之大。然而，对于活动组织者与消费者来说，如今的票务市场仍然存在着严重的问题。

全球范围内，门票转售业务不断增长，每年总收入达 80 亿美元。然而，虽然平台和第三方不断发展，但交易中两个核心利益相关者，即活动组织者和消费者，现状堪忧。

在传统票务交易中，人们通常直接通过官方机构、网站以及指定代理商等授权商店购买门票。这是一级市场，除此之外，还有大量的门票交易发生在二级市场。这正是当今门票交易过程中最容易出现欺诈风险的地方，二级市场的交易模式大致分为两种，一种是由买卖方任意收取价格并直接进行交易，另一种是通过二手交易平台进行交易。两种模式优缺点互补，前者存在严重信任风险，后者则会被交易平台抽取一定额度的费用。

由于二级市场交易程序不完善，许多消费者被冒牌商家欺骗，二级市场票务交易明显缺乏透明度和信任度。在二级市场购买门票时必须信任第三方，因此他们面临着购买假票或无效票的风险。二维码或条形码编码并没有对信息进行加密，不足以使门票真正具有防篡改性。此外，消费者无法验证门票上的条形码是否具有有效性。二级市场的转卖票价也趋于极端，有些是使用机器人自动抬高价格，尽可能加价以来赚取利润。因此，多国政府正在考虑全面禁止门票转售牟利，然而，经济学家对彻底禁止转售仍持怀疑态度。

如今，票务欺诈问题亟须解决，每年由于购票者被骗而达到的损失至上亿美元，对此，利益相关各方都在寻找高效、有效的解决方案。表5.1归纳了传统票务交易中存在的几个问题。

表5.1 传统票务交易中存在的问题

问题	说明
缺乏信任度	消费者在二级市场购买门票时必须信任第三方，因此面临购买欺诈或无效门票的风险，这些门票面临被取消或伪造的风险。
无法控制二级市场价格	二级市场上的消费者门票价格走到了极端，部分原因是使用了自动推高价格的机器人，通过以尽可能高的价格转售来赚取利润。从活动组织者的角度来看，主要问题是对次要事务的控制有限。
对中间人的依赖	活动组织者依赖中介结构，并承受财务风险，切断了获得暴利的来源和与消费者的直接关系。
无法立即验证	消费者无法轻松地验证其门票是否有效。
缺乏透明度	在活动票务行业，二级市场缺乏透明度是显而易见的。

（2）NFT票务快速发展

如今，活动票务市场正在被NFT冲击。而利用区块链网络发行NFT门票的平台和市场不断扩大。

据 NFT 票务基础设施提供商 Get Protocol 的营销和通信负责人科尔比·莫特（Colby Mort）介绍，使用 Get Protocol 平台发行的每张票都是用 NFT 铸造的。他补充说："自 2016 年以来，Get Protocol 已经处理了全球超过 100 万张链上注册的赛事门票，其中 50 万张是 2021 年处理的 NFT 门票。"Queue-it 首席执行官兼联合创始人尼尔斯·亨里克·索德曼（Niels Henrik Sodemann）告诉媒体："我们相信，未来五年我们将在行业中看到的最大变化之一是票务收入流中数字组件的增加。一个很好的例子是票务销售与 NFT 的结合。"

（3）NFT 票务优势

如今，正是因为传统票务交易存在问题，NFT 形式的票务越来越受欢迎。据音乐和直播活动 NFT 票务市场 YellowHeart 的创始人兼首席执行官乔什·卡茨（Josh Katz）介绍，NFT 的门票让粉丝有更多的控制权，同时能为艺术家持续支付版税。

卡茨指出："如今，票务领域面临着巨大的挑战，包括假冒、不良行为者、猖獗的欺诈，最重要的是碎片化。例如，当一个主要的售票平台发行一张票时，它可以在二级市场上进行多次买卖。NFT 门票解决了所有这些问题。"

NFT 为票务带来了新的生机与转变，主要体现在以下几个方面。

第一，更好地回馈艺术家。

NFT 票务平台背后的最初前提，是将第三方售票商的钱重新返给艺术家，即 NFT 门票可以为利益相关者、艺术家和活动组织者提供持续的版税。根据卡茨的描述："目前，艺术家的收入有 95%

是主要收入，5%是次要收入。但当YellowHeart开业时，艺术家们将能够设定自己的第二次费率，并保持高达100%的收入。"

第二，更好地控制二级市场。

可以说，对二级市场销售的控制是NFT门票最重要的特点之一，在活动门票上嵌入转让业务以及规则，如设置价格限制、向门票卖家收取规定费用，这使活动组织者能够保持对流程的控制。编码流程远远优于使用人力进行治理监管、监控用户行为、人为执行规则。如今，Get Protocol的票务产品由移动应用程序、活动仪表板、票务网络商店和其他补充功能组成。这些因素有助于根除倒票行为，同时让活动组织者完全控制二级市场销售的价格。这确保了活动组织者为他们的活动门票销售赚取更多收入，同时保持艺术家和所有粉丝之间的直接联系，而这种联系以前是会被外部平台丢失的。①

第三，NFT门票的永久效用。

此外，NFT门票还包含永久效用。莱昂国王（Kings of Leon）的代币化NFT专辑在OpenSea前五天销售额接近145万美元。此次发布的内容包括贵宾粉丝体验、乐队见面会、独家旅游商品等。自新冠肺炎疫情以来，许多现场音乐活动都可以发行具有类似功能的NFT门票。

第四，安全性。

---

① Rachel Wolfson. Showtime：NFT tickets take the stage in 2022, connecting artists and fans［EB/OL］.（2022-01-19）［2022-03-18］. https://cointelegraph.com/news/showtime-nft-tickets-take-the-stage-in-2022-connecting-artists-and-fans.

由于 NFT 设计保证了门票的唯一性，门票的安全性、完整性也进一步得到保障。

第五，透明可验证。

使用智能合约进行的所有交易都是透明的，交易数据将存储在区块链上，不可更改，票据所有权记录都会受到保障。消费者能够随时验证其交易是否正确。

第六，自动化。

活动组织者在最初部署智能合约后，无须采取任何人工行动。由此可见，虽然 NFT 门票背后的概念仍在出现，但对大众而言，其潜力优势越来越明显。

（4）NFT 票务应用

① 深圳区块链发票

根据深圳市税务局的公告，2018 年 8 月，正式决定在深圳市开展通过区块链系统开具的电子普通发票应用试点。为什么要推行区块链电子发票呢？解读里提到：区块链电子普通发票是"互联网+税务"深度融合的产物，是实现"科技创新+"的税务管理现代化的全新尝试。区块链技术具有全流程完整追溯、信息不可篡改等特性，与发票逻辑及需求高度吻合，能够有效规避假发票，完善发票监管流程。区块链电子普通发票将每一个发票关系人连接起来，方便追溯发票的来源、真伪和报销等信息，有效解决发票流转过程中一票多报、虚报虚抵、真假难验等难题，切实降低纳税人经营成本和税收风险。①

由此可见，相较于传统电子发票，区块链电子发票拥有诸多优势。在监管上，全流程完整追溯、信息不可篡改的特点为发票监管带来了巨大的贡献，从而实现无纸化智能税务管理；而对于商家和消费者而言，直接在区块链上实现线上发票申领、查验、报销等，极大方便纳税人，切实降低了成本和风险。

最初，深圳的区块链电子发票将重点在餐饮业、停车场、小型商贸、加工修理修配等行业的部分纳税人中推广，而在2018年8月10日，深圳国贸旋转餐厅也开出了全国首张区块链电子发票，这也意味着深圳区块链电子发票的进一步落地。而区块链电子发票"非接触"的特点，在新冠肺炎疫情防控期间，发挥了巨大的作用，能更好地推动其在各个新场景和领域的实现。

如今，"深圳四部门信息情报交换平台""自然人信息共享智慧平台""税务—产业联盟链"和"区块链破产实务办理联动云平台"等平台也相继上线。此外，深圳市税务局还联合近10家机构发起建立《基于区块链技术的电子发票应用推荐规程》国际标准，并正式通过电气和电子工程师协会标准协会（IEEE-SA）确认发布，该标准成为全球首个基于区块链电子发票应用的国际标准。目前，深圳区块链发票的应用覆盖117个行业，应用场景不断拓展，推动了

---

① 国家税务总局深圳市税务局.《国家税务总局深圳市税务局关于推行通过区块链系统开具的电子普通发票有关问题的公告》的解读［EB/OL］.（2018–08–09）［2022–03–18］. https://shenzhen.chinatax.gov.cn/sztax/xxgk/tzgg/201808/94390f5be3f345ec9972467a68a0749b.shtml.

区块链技术在国际税收领域的应用和融合，为规范和引导全球区块链电子发票应用做出了贡献。①

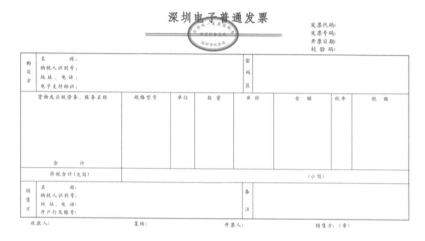

图 5.2　区块链电子普通发票票样

② 全球最大的演出票务集团 Live Nation 正在探索使用 NFT

在 Live Nation 的季度会议上，首席执行官迈克尔·拉皮诺（Michael Rapino）回答了关于区块链技术在未来应用方向的问题，包括将来区块链将如何应用于票务系统。拉皮诺表示："我们效仿了 NBA Top Shot 技术，探索将音乐会的'神奇时刻（精彩瞬间）'变成 NFT 的可能性，我们可以创造并附加到我们正在进行的电影节中。"

2021 年 10 月 29 日，Live Nation 宣布，该公司将与艺术家合作，为粉丝提供名为"Live Stubs"的数字收藏 NFT 票根，该票根将被

---

① 南方新闻网. 深圳区块链电子发票已接入企业超 3.2 万家［Z/OL］.（2021–08–11）［2022–03–18］. http://www.gd.gov.cn/gdywdt/dsdt/content/post_3460402.html.

包含在精选 Live 门票的北美国家级演出中。Live Stubs 将反映所购买的每张门票的独特部分和座位，允许粉丝再次收集票根。将票根重新想象为数字收藏品 NFT 为艺术家开辟了一个全新的世界，让他们可以在演出之前、期间和之后扩展现场体验并与持票人互动。

粉丝们将能够在 Live Nation 官网上查看、分享、赠送、交易和转售他们的直播存根。这些是收藏品，不会取代实际进入展会所需的数字门票。

粉丝们还可以分享链接以在社交媒体上查看他们的 Live Stubs，让朋友知道他们将参加演出。更多功能和产品将在音乐会临近时公布。长期以来，乐队的精彩现场表演一直受到歌迷的崇敬，乐队之前的演出"One Last Tour"售出了超过 100 万张门票。

Live Nation 的 NFT 是在生态友好的区块链上铸造的。除了 Live Stubs，该公司的许多节日或活动，如 Lollapalooza、EDC、Governor's Ball 已经创建了自己独特的 NFT 和市场。Ticketmaster 还能够铸造、分享 NFT 以及通过其行业领先的数字票务技术购票。Live Nation 自 2018 年以来一直在投资区块链技术，并将继续探索该领域的新产品和服务。①

③ NFT 门票与元宇宙

从区块链电子发票到票务平台，从音乐会到体育赛事，NFT 在

---

① Live Nation. LIVE NATION UNVEILS LIVE STUBS™ DIGITAL COLLECTIBLE NFT TICKET STUBS, MINTING FIRST EVER SET FOR THE SWEDISH HOUSE MAFIA：PARADISE AGAIN TOUR［EB/OL］.（2021-10-29）［2021-03-18］. https://www.livenationentertainment.com/2021/10/live-nation-unveils-live-stubs-digital-collectible-nft-ticket-stubs-minting-first-ever-set-for-the-swedish-house-mafia-paradise-again-tour/.

各个领域中都为票务系统带来了新的生机与活力。而在未来，随着元宇宙的崛起，NFT 门票的应用范围可能会更进一步扩大，并大大增加音乐等行业的收入。

一个著名的案例是动物音乐会（Animal Concerts），科林·菲茨帕特里克（Colin Fizpatrick）解释说，动物音乐会允许用户用该公司的代币 ANML 在元宇宙购买门票。这使用户可以在熟悉的生态系统中，如 Decentraland 和《沙盒》中，完全访问元宇宙音乐会。接下来，该公司计划建造自己的元宇宙演唱会场地。

第一个接受动物音乐会的是格莱美奖得主说唱歌手 Future［本名：那威亚斯·德曼·威尔伯恩（Nayvadias Demun Wilburn）］，他在迈阿密举行的以动物音乐会为主题的万圣节派对现场表演，该派对的拍摄方式后来可以在元宇宙中播出。在这片新土地上，没有限制或旅行禁令，艺术家可以将 NFT 纪念品出售给粉丝，即无须任何报销、投资或中间商[①]。

2021 年 11 月 19 日，美国著名歌手贾斯汀·比伯（Justin Bieber）在虚拟音乐平台 Wave 上举办了一场时长 30 分钟的元宇宙演唱会。化身（Avatar）贾斯汀·比伯演唱了他的最新专辑《正义》。

在元宇宙举办音乐会对艺术家来说有很多好处。除了前文提到的 NFT 门票带来的益处，如版税支付、对二级市场的控制等，元宇宙还为 NFT 门票带来了无空间限制、更为自由等益处。

---

① Elias Ahonen. Concerts in the Metaverse could lead to a new wave of adoption［EB/OL］.（2021-12-27）［2022-03-18］. https://cointelegraph.com/magazine/2021/12/27/vr-animal-concerts-metaverse-lead-next-wave-crypto-adoption.

如今 YellowHeart 也开始考虑在元宇宙环境中应用 NFT 门票，"我们正在努力确保元宇宙的场地和合作伙伴关系，因为这将是一个颠覆性的角度。"然而，卡茨指出："元宇宙生态系统永远无法完全取代现场音乐会，元宇宙将补充现场音乐，确保我们现在有两种选择。"

然而，NFT 在票务领域中的应用让人更加怀疑其投机属性。与艺术收藏品市场不同，票务市场不依赖二级市场为其提供市场活力。在绝大多数人眼中，门票应仅作为一种参观权利凭证，而不应该具有额外附加的金融价值，更遑论与民生关系更密切的交通票务类了。开放票务二级市场，不论以何种形式，只会让倒卖者——"黄牛"们兴奋，而不会给社会带来任何有意义的正向价值。票务不需要流通性，甚至不需要稀缺性，NFT 在票务上该如何发挥作用，应该经过更加审慎的思考。

第六章

NFT 发展趋势

一、NFT 金融化

本章探讨的内容仅限于海外的 NFT 市场发展现状，国内对代币发行以及 NFT 金融化（NFTFi）有着法规限制和监管，因此海外的 NFT 金融化道路仅作为读者进行学习和了解的途径，不具备实际的落地意义，也希望读者能从中取其精华、去其糟粕，从中探索出一条符合中国国情的 NFT 合规发展道路。

目前，海外加密市场中最突出的两个趋势是去中心化金融（DeFi）和 NFT。DeFi 和 NFT 是目前区块链技术领域最流行的两种应用。DeFi 提供对金融服务的去中心化访问，而 NFT 则专注于实现资产的代币化。但是，重要的是要思考利用 NFT 和 DeFi 为企业造福的可能性。

NFT 由于炒作而在拍卖中获得高价，通常被认为只是数字艺术或收藏品。然而，从长远来看，NFT 可以为去中心化金融的发展做出非凡的贡献。

对于一部分人而言，持有 NFT 仅仅是用于娱乐和收藏，就像古董收藏家一样，但对于另外一部分人而言，持有 NFT 的目的是为了获得经济回报，通过低买高卖的方式赚取价差。当 NFT 与 DeFi "相遇"后，NFT 生态系统构想了两种机制来提高流动性，这就是 NFT 指数基金和 NFT 碎片化。下文先对 DeFi 的基础概念作简要说明，然后讨论 NFTFi 的内容。

（一）去中心化金融

DeFi 是加密资产领域的最新趋势，它承诺以一种开放、去中心化、无许可和自主的方式复制传统金融体系中的各种活动。DeFi 应用程序允许在区块链上提供作为去中心化应用程序构建的金融产品和服务。这类应用程序主要基于以太坊协议，该协议于 2015 年启动，并允许创建智能合约。

DeFi 市场将"去中心化金融"的概念成为现实。DeFi 市场不依赖中心化的机构来获得信任，而是基于社区的网络，寻求自动化有助于信任中心化机构的因素，并以全球、无边界的方式运作。

2021 年以来，DeFi 呈现迅猛发展的态势，一年间资产增值近 10 倍，截至 2021 年 12 月，以太坊上 DeFi 的总锁仓量已超过 1 000 亿美元。与此同时，DeFi 相关的基础设施和应用迎来"井喷式"增长，各种产品层出不穷，相较于早期的借贷业务，现在 DeFi 已全方位扩展到资产管理、保险、衍生品等各个金融领域。

1. 中心化金融

要想理解去中心化金融,必须先对中心化金融(CeFi)有基本的认识。金融最初起源于几千年前的古代美索不达米亚。从那时起,人类使用各种商品和资产作为货币(如牛、土地或贝壳)、贵金属(如黄金),以及现代社会的法定货币。可以看出,货币既可以具有内在价值(黄金),也可以只具有名义价值(纸币)。现代社会的货币金融体系建立在对中央机构的信任上,中央银行作为货币的负债方来发行货币,并对货币的价值做背书。

随着区块链的出现,以及去中心化、无许可的性质,创造了一种新的信用货币。区块链最强大的创新之一就是在没有可信中介机构的情况下进行金融资产的转移和交易。去中心化金融是区块链的一个新的应用领域,其利用智能合约提供金融技术和服务。

金融是创造、管理和投资资金的过程。金融系统将那些需要投资资金的人(借款人)与那些有闲置资金的人(存款人)连接起来。金融系统在经济中扮演着至关重要的角色,因为它通过对现有资金的合理配置来提高经济的生产力。一个有效的金融体系为市场参与者提供合规、安全且高效的服务。金融系统通常由以下三个部分组成,即金融机构、金融工具和金融市场。总的来说,金融机构依据法律法规,在金融市场上发行、买卖金融工具。

金融机构是指提供金融服务的金融中介机构。传统的金融服务包括银行、证券、保险、信托、基金等。相应地,传统的金融机构包括银行、证券公司、保险公司、信托投资公司、基金管理公司等。

金融工具是指货币性资产。金融工具可以是纸质文件或代表涉及货币价值的法律协议的虚拟合同。所有证券和金融资产（包括加密货币）都属于广义范畴的金融工具。

金融市场泛指发生金融工具交易的任何市场。金融市场通过将买卖双方聚集在一起来创造流动性，从而达成交易，按照交易期限长短可分为货币市场和资本市场。

2.历史

2009年，比特币的诞生解决了去中心化支付系统中的"双花"问题。比特币是历史上第一次用户无须通过第三方中介就可以发送和接收在线金融资产。至关重要的是，比特币引入了区块链上时间戳的概念，它可以确定交易执行的精确时间和顺序。时间戳对于金融资产交易至关重要，并且能够确定特定账户在特定时间点所持有的金融资产。区块链允许用户不依赖第三方来管理个人资产，赋予用户对于个人资产的控制权。这在一定程度上降低了生活在落后国家和地区的人受通货膨胀的威胁。然而，比特币的出现仅实现了去中心化的电子支付系统，无法满足借贷、保险、资产管理等多样的金融需求。

金融应用的转折点发生在2017年12月，MakerDAO正式诞生。它是基于以太坊的智能合约，允许用户通过使用数字资产作为抵押品，发行一种与美元价值1∶1挂钩的加密货币。这种机制有效地允许任何人以以太币为抵押借入Dai稳定币。MakerDAO创造了一种方式，任何人都可以在不依赖中心化实体的情况下获得贷款。正是由于智能合约的广泛应用，拓宽了区块链的应用边界，DeFi迎来了快速发展。

MakerDAO 借贷协议和 Dai 稳定币为全新的、开放的、无许可的金融系统提供了第一个构建模块。此后，其他金融协议相继推出，创造了一个日益活跃和相互关联的生态系统。2018 年 9 月发布的允许用户借贷代币的智能合约（Compound）为获得抵押贷款的借款人创造了一个市场，而放贷机构则可以从这些借款人支付的利息中获取利润。2018 年 11 月，去中心化交易所 Uniswap 诞生，它是一种基于以太坊的去中心化的交易协议。

在 MakerDAO"点燃"DeFi 一把"火"后，不到三年的时间，已经有了几十个 DeFi 应用程序，涉及范围从基本的应用（如允许借贷、交易），到更复杂的应用（如创建合成资产、衍生品等）。

3. 特点

图 6.1 的决策树展示了如何将金融产品或服务归类为 CeFi 或 DeFi。在决策树中，第一个决定性的问题是"金融资产是否由用户控制"，即用户是否保留对自己资产的控制权。如果用户不能自主控制资产，必须依赖金融中介的情况下才能进行交易，那么该服务是 CeFi。否则，我们就会判断，用户是否有能力单方面审查交易的执行。如果回答为是，则表明 CeFi 中介存在，但其资产结算仍可能以 DeFi 标准的方式进行。最后，我们质疑一个实体是否有权单独停止或审查协议的执行。如果回答为是，我们认为 DeFi 协议是由中央管理的。如果最后一个问题回答为否，那么该协议则是为纯粹的 DeFi 协议。通过三个简单而客观的问题即可区分服务是 CeFi

还是 DeFi。现实中，CeFi 和 DeFi 之间的边界并不总是那么清晰。

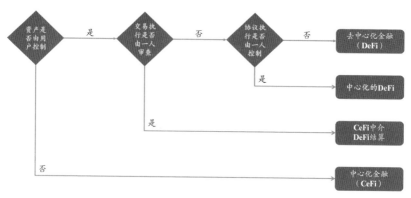

图 6.1 CeFi 和 DeFi 决策树

为进一步辨析 CeFi 与 DeFi 的差异，下文将从许可性、代理性、中心化、匿名性四个角度区分 CeFi 与 DeFi。

许可性：CeFi 是需要许可准入的，其由闭源的系统和数据库所允许，仅有授权的机构能够访问和使用其中的数据。DeFi 是无许可的，意味着其使用开源和透明的区块链系统，任何人都可以在无第三方的情况下访问和交互。

代理性：CeFi 中用户资产需要合法第三方机构代管，而 DeFi 所有的资产完全由用户自己控制和管理。

中心化：CeFi 是中心化的，并且交易是基于第三方机构的信用，单个第三方机构有义务对系统进行维护和更新。DeFi 是去中心化的，单一主体没有义务维护系统，而是由全体"矿工"来对系统治理维护。

匿名性：CeFi 是需要实名认证的，基于 KYC/AML 规定，DeFi 是匿名化的，无须提供真实身份，但无法做到绝对匿名。

（二）NFT 与 DeFi 的联系

为了了解可能的 NFT 去中心化金融链接，了解可以代币化的资产类型非常必要。具有现实价值主张的代币（例如房地产）是 NFT 的首批示例之一。房地产投资流动性极差，需要大量文件。将资产带入区块链以虚拟代币的形式呈现，可以帮助资产持有者更轻松地表示所有权并且增加资产转移的灵活性。此外，在难以调动价值的情况下，NFT 可以帮助解锁和调动价值。例如，音乐艺术家可以提供 NFT 作为与他们直接互动的代币。产品的价值是决定它们价值的重要因素。由于 NFT 提供了价值主张，因此必须对其进行定价。

NFT 基本上是基于价值的资产。因此，它们可以为所有者提供资产价值增长或提供从资产中获得收益的可能性。DeFi 可以提供释放 NFT 价值的机会。

NFT 与 DeFi 立即变得可行，尤其是 NFT 具有代表数字产品和服务商业化的能力。NFT 已成为 DeFi 领域有前途的应用之一。例如，以太坊引入了 ERC-20 代币，用于表示数字资产。因此，NFT 可以很容易地作为数字艺术所有权的证明，以太坊已成为创作者分享艺术和收藏家互动的首选社区之一。凭借证明所有权的灵活性，NFT 可以在 DeFi 领域发挥非凡的价值优势。

NFT 与 DeFi 组合最重要的方面之一是释放价值的能力。使用 NFT 可以帮助贷方确定 DeFi 中的抵押金额。当借款人以作为抵押品的 NFT 申请贷款时，贷方将考虑不同因素（例如所有者的价格标签、二级市场价值和他们的个人计算）与抵押NFT一起评估贷款金额。

统一使用NFT和DeFi可以轻松解决抵押问题，需要注意由于市场流动性问题而引起的麻烦。艺术品和收藏品领域在流动性方面是相当主观的。例如，假设一幅画的价格接近100万美元。然而，这幅画的价格只有在个人有兴趣支付时才有价值。NFT去中心化金融协议可以轻松解决艺术品的抵押问题。在这种情况下，最合理的解决方案可能集中在用NFT艺术和收藏品作为DeFi借贷的抵押品。

传统艺术通常被用作现实世界中的抵押品。因此，将NFT过渡到DeFi领域似乎是朝着未来迈出了合理的一步。NFT还可以通过启用代币化解决流动性问题。代币化可以提供比非流动资产更优的简便性和灵活性。

（三）NFTFi应用

1. NFT指数基金

NFT指数基金是一种金融工具，与ETF类似，追踪一篮子NFT集合的价值。NFT指数基金最早由NFTX平台发明，NFT的持有者将NFT存入平台，作为交换，持有者通过"挖矿"的方式获取ERC-20代币。用户可以通过AMM（自动做市商）在市场上交易代币，并为市场注入流动性。

> **案例分析：NFTX 与 NFT20**
>
> NFTX 和 NFT20 均为 NFT 交易、指数化的平台，旨在为 NFT 交易提供更高的流动性。NFTX 和 NFT20 均提供指数基金，但两者的具体方法不同，相较而言 NFT20 的方法更加灵活，但是流动性风险也更大。
>
> NFTX 的指数基金利用双层架构的方式。[①] 第一层是把 NFT 存入 NFT 池来换取 vToken（1∶1 的方式兑换）。一个 vToken 代表着可以从 NFT 池随机换回一个 NFT 的权益。第一层有一个明显的不足是用 vToken 换回 NFT 时，所得到的 NFT 是随机的，这在某种意义上阻碍了用户存入 NFT。第二层是将所有第一层资产放入一个统一的资金池，这个资金池反映了大部分 NFT 的价格，例如上证 50 指数反映了上交所中最具代表性的 50 个企业的股票。
>
> NFT20 允许用户存入 NFT，并通过"挖矿"的方式获取 NFT20 代币，例如一个 NFT 兑换 100 个 NFT20 代币，这种并非 1∶1 兑换的方式事实上提供了用户部分持有 NFT 的可能。

2. NFT 碎片化

NFT 碎片化平台将 ERC-721 或 ERC-1155 NFT 转化为同质代币 ERC-20。碎片化机制允许用户确定代币的兑换比例（例如

[①] 参见 http://nftx.io/。

1 ERC-721 = 100 ERC-20），以及持有权和持有份额。

在 NFTX 平台上，用户只能出售或持有整个 NFT，但是，在 NFT20 平台上允许用户更灵活地持有可转化为 ERC-20 的代币，这代表着 NFT 一部分的所有权。总而言之，NFT 碎片化过程和资产证券化的过程类似，即以某项资产的净现值作为抵押，发行有价证券的过程。这种操作释放了流动性，使资产可以灵活交易，但同时带来了巨大的流动性风险。

> **案例分析：NIFTEX**
>
> NIFTEX 支持用户铸造被称为分片（shard）的碎片化 NFT，并且适用于多种类型的 NFT。该平台将发起者（或所有者）的权利和链上治理权赋予其分片持有者。它在帮助用户为一系列 NFT 铸造碎片的同时，也保证碎片持有者享有原始 NFT 的治理权。原始 NFT 产生的收益可以被分配给分片持有人。NIFTEX 技术团队最初采用 Uniswap V1，后来推出了 NIFTEX V2 版本，并决定打造独立的交易机构。

3. NFT 借贷

NFTFi 作为最主流的 NFT 的借贷平台之一，其借贷的机制通过以下方式完成：贷方将 wETH（包裹 ETH）[①] 存在协议中，并且

---

① 参见 http://weth.io/。

选择想要借出资产的人，借方质押其 NFT 并且发出借款请求。双方通过 P2P 的借贷市场达成最佳交易，并且在链上确保资产的安全性。

PawnFi 使用三种不同的借贷方式：众筹、资金池和闪电贷。每种方法偏好不同类型的 NFT，有着不同的周转率。

（四）NFT 定价

1. NFT 定价的意义

在传统艺术界，无法获得艺术品的价格是收藏家在尝试购买艺术品时最常提到的障碍[1]。目前，NFT 同样面临定价的困难，主要是由三种因素造成的。首先，NFT 市场远非达到有效市场，存在大量投机行为，另外市场上大多数 NFT 是首次出售，买方难以了解市场有关信息，找到可比资产。其次，NFT 作为非同质化资产，大多数 NFT 的流动性极低，难以在市场中发现价格。最后，NFT 源于艺术品，但又具有独特的数字性、社区性、功能性等特点，这些因素综合造成了 NFT 定价的复杂性。

NFT 定价具有重要意义，定价将提升市场有效性，降低信息不对称，增加市场活力，鼓励更广泛的创作者参与创新，同时为投资者带来合理预期的收益。同时基于 NFT 的合理定价，将进一步推动 NFT 在各领域广泛的应用。

---

[1] Artsy. The Online Art Collector Report 2019［R/OL］.（2019–12–31）［2021–03–18］. http://files.artsy.net/documents/artsy_2019_onlineartcollectorreport.pdf.

由于NFT最先起源于艺术品，与艺术品具有高度类似性，因此首先从艺术品的定价展开，分析艺术品价格的影响因素和量化定价方法，然后基于以上分析，对NFT价格影响因素和量化方法进行分析，最后提出NFT定价的相关建议。

2. NFT定价方法

（1）NFT价格的影响因素

①宏观因素

Ante（2022）分析了NFT交易量、NFT参与人数与比特币和以太币价格的关系，研究表明比特币和以太币的价格变动直接影响NFT的价格，币价的下跌将导致NFT价格下跌，活跃度下降[1]。Dowling（2022）研究了NFT项目（Decentraland）的定价行为，该项目允许在基于区块链的多元宇宙中交易数字地块的土地，研究发现Decentraland存在市场操纵或欺诈行为[2]。Dowling（2022）的另一篇研究使用小波相干分析来识别加密货币和NFT市场之间的任何协同作用，他研究了三个主要的NFT子市场（Decentraland，CryptoPunks和Axie Infinity），以及比特币和以太币的价格，结果表明，加密货币的定价行为可以帮助理解NFT定价[3]。因此，学界

---

[1] Ante, Lennart. The non-fungible token (NFT) market and its relationship with Bitcoin and Ethereum [J]. MDPI, 2022, 1(3).

[2] Dowling, Michael. Fertile LAND: Pricing non-fungible tokens [J]. Finance Research Letters, 2022, 44(c).

[3] Dowling, Michael. Is non-fungible token pricing driven by cryptocurrencies [J]. Finance Research Letters, 2022, 4(c).

的研究表明NFT的价格与加密货币市场的币价有着较强的关系，可能的原因是，币价上涨后投资者拥有更多资金，并且寻求新的替代资产。

②微观因素

从微观角度分析NFT定价，主要是从NFT本身的特点、投资者行为以及NFT的安全性三个部分考虑。NFT具备稀缺性、功能性、社区性，投资者具有极强的投机性。安全性是指NFT存储的区块链是否安全，底层数据是否安全等。

· 稀缺性

NFT的稀缺性由NFT的发行时间、发行人、先前所有者身份、数量等因素决定。拥有历史价值较高的NFT往往是由知名艺术家或具有强大品牌的公司创建或发行的。一般有两种方法可以增加稀缺性。一是与有强势品牌的公司或个人合作发行NFT代币。例如，SuperRare等NFT平台仅支持独特的单版数字艺术品[1]，NBA的Top Shot将稀有度NFT分为普通（Common）、稀有（Rare）、传说（Lgendary）和终极（Uctimate）等级[2]。列在较高层级的NFT具有显著高于普通层级中的对应物的价值。二是转售以前有影响力的人的NFT。市场和卖家可以提供易于使用的跟踪界面来增加NFT的

---

[1] Frequently Asked Questions. SUPERRARE［Z/OL］.（2021-07-19）. https://superrare.com/about#:~:text=What%20is%20SuperRare%3F，SuperRare%20like%20Instagram%20meets%20Christies.

[2] Tyler Hayes. Designing NBA Top Shot Moments：How These 6-Figure NFTs Got Their Look［Z/OL］.（2021-04-07）. https://www.pcmag.com/news/designing-nba-top-shot-moments-how-these-6-figure-nfts-got-their-look.

价值。例如，OpenSea 可以突出显示从交易 NFT 中获利最多的投资者的地址，并列出他们拥有的其他 NFT。

·功能性

功能价值取决于 NFT 的使用方式。具有高使用价值的两大类是游戏资产和门票。例如，Crypto Space Commander 游戏中的战舰在 2019 年以 45 250 美元的价格售出，一张 NFT 门票的价值就是一张活动门票的价格。目前，NFT 广泛应用于音乐、体育、票务、游戏等领域，这些附加功能价值对 NFT 的定价起到不容忽视的作用。例如音乐 NFT 可以增加 NFT 价值，因为其为用户提供了更为丰富的听觉和视觉体验[1]，金州勇士队拍卖了他们以前的总冠军戒指的 NFT[2]，购买票务 NFT 允许购买者享受额外的附加值服务和 VIP 待遇[3]，由于功能性使得此类 NFT 的价格远远高于一般非功能性的 NFT。

·社区性

NFT 的早期参与者除了起到早期传播和反馈的作用外，这些群体会形成一个社区，一般以 DAO 的形式存在。社区群体凝聚对 NFT 的共识，并赋予 NFT 意义和初始价值。如果没有强大的用户社区，NFT 项目可能无法启动，或者随着所有代币持有者失去兴

---

[1] William M. Peaster. How to Value NFTs [Z/OL]. (2021–03–16). https://newsletter.banklesshq.com/p/how-to-value-nfts.

[2] 参见 https://gswnft.com/。

[3] Darren Rovell. Warriors NFT Championship Ring Sales Raise More Than $2 Million [Z/OL]. (2021–05–03). https://www.actionnetwork.com/nba/warriors-nft-championship-ring-sales-2-million.

趣而迅速崩溃。如果一个NFT项目一开始就没有充分明确其价值主张，它可能无法吸引用户形成足够大的社区。缺乏参与可能会成为一种自我实现的预言，使NFT贬值。为了保持持续的社区参与，NFT项目团队必须树立和凝聚社区共识，增强NFT的存续信心[①]。

· 投机性

NFT市场目前并非有效，而是具有很强的投机性。例如，2017年12月，CryptoKitties #18的价格在短短三天内从9 ETH跃升至253 ETH。2021年中相关机构（对1 400名18—40岁的投资者进行了一项调查，调查结果表明，大约1/3的投资者将海外抖音视频视为值得信赖的投资建议的来源[②]。在金融领域，在理性的投机泡沫中，股票的价格可能会偏离其由盈利决定的基本价值。由于NFT既没有收益或历史价值，也没有太多内在价值，因此NFT市场似乎是由"博傻理论"所驱动的[③]。

· 安全性

由于NFT依赖于区块链存储，因此安全的区块链平台在一定程度上保障了NFT数字资产的安全性。目前国外的NFT主要依赖于以太坊公链，原因之一就是以太坊长期的安全性比较高，面临的攻击风险较低。另外，NFT元数据的存储，即链上还和链下存储，

---

① Steve Kaczynski, Scott Duke Kominers. How NFTs Create Value [J]. Harvard Business Review. 2021.
② Jack Caporal. Gen Z and Millennial Investors：Ranking the Most Used [J]. Trusted Investing Tools. 2021.
③ Paul Hallwood et al. Letter：Puzzling over price and NFT speculative bubbles [Z/OL]. （2022-01-08）. https://www.ft.com/content/38c0d.

也对 NFT 的安全性有着较大影响。链上意味着将元数据直接合并到区块链上，而链下是指单独托管元数据，这是由于以太坊区块链的存储限制[①]。链上元数据使 NFT 更有价值，部分原因是元数据被合并到 NFT 中，允许 NFT 在以太坊存在的情况下永远持续，而链下数据面临数据存储平台丢失数据的不确定风险。

（2）NFT 定价量化方法

目前对于 NFT 的定价存在极大的困难，主要原因在于 NFT 市场发展初期具有很强的投机性，并非有效市场，而且监管规则和行业规范并未建立。目前针对 NFT 的定价主要有拍卖定价、评分定价、证券化定价三种方式。

①拍卖定价

目前，市场中 NFT 交易主要是基于拍卖的方式，拍卖方式有英式和荷兰式两种，拍卖价和拍卖时长由用户进行设置，拍卖期结束后由平台自动匹配出价最高的买卖双方，推动交易。但基于拍卖的方法存在诸多弊病。首先，拍卖有着"赢家诅咒"，买方在拍卖中不断加价往往导致成交价格超出心里预期价格，并且无法因此获取预期收益，从而蒙受损失。其次，拍卖交易存在极强的头部效应，大量交易集中于某些热门 NFT，而大量 NFT 更是有价无市，几乎没有流动性。最后，拍卖价格和时长由用户进行主观设置，存在极大的不准确性和低效性，难以达成相关交易。

---

① NFT REVIEW. On-chain vs. Off-chain Metadata［Z/OL］.（2021–05–16）. https://nft-review.com/on-chain-vs-off-chain-metadata/.

表现优异的拍卖机构可以在NFT定价方面起到很大的作用。拍卖机构可以从两个方面影响艺术品的拍卖价格。首先，大型拍卖行的高信誉度可以吸引更多的收藏家或投资者将创作的NFT投入拍卖过程。把高质量的拍卖行和艺术品结合起来，可能会有更高的概率生产出高品质的NFT。其次，信用良好的拍卖行出现假拍和模拟拍卖的概率相对较小。一方面，好的拍卖行往往规模更大，管理更规范，更注重自己的市场信誉以及对假拍和模拟拍卖的防范；另一方面，大型拍卖行拥有更强大的专业团队，能够准确鉴别NFT的真伪，更容易产出高品质作品。

②评分定价

评分定价的基本原理是从需求端进行定价，基于市场中投资者对NFT价格的综合判断来进行定价。目前业界中主要有Upshot和Showtime两种定价方式，Upshot[①]基于问答协议和互信息机制（DMI-Mechanism）对NFT进行定价，Showtime[②]使用社交媒体中的流行度对NFT进行定价。

Upshot采用基于Upshot One的智能合约，提出了基于离散化提问的高效问答协议，通过用户回答结果的相互比对而非多数原则的方法来保证结果的有效性[③]。Upshot利用基于行列式的互信息机制，其不仅确保诚实回答是最有利可图的策略，而且还提供了大量

---

① 参见 https://upshot.io/。
② 参见 https://showtime.io/。
③ Nicholas Emmons. Introducing Upshot One：A Question & Answer Protocol［Z/OL］.（2020-08）. http://upshot.xyz/whitepaper.pdf.

可行且有效的信息①。Upshot One 的核心在于通过问答以及相互比较评分机制来确保问答结果的准确性，因此对于 NFT 评分定价方法可以被拆解为一系列问题。

基于 Upshot One 合约，对 NFT 进行定价可以分为三步。首先，通过对用户不断询问 NFT 的价格区间（例如，NFT 的价格是否大于 100 元，是否小于 200 元），从而将 NFT 的价格限定于一个狭小的区间范围内。然后，基于区间法评估的结果，对用户重新询问对相近价格的 NFT 的相对次序，从而消除判断偏误并确定准确次序。最后，基于大量用户的评分结果，利用互信息机制计算得出较为准确的 NFT 价格。Upshot 的定价方法被广泛用于 DeFi 借贷中 NFT 的定价②。近年来，随着大数据技术和人工智能的发展，基于机器学习和深度学习的方法被应用于艺术品定价中。Ayub 等（2017）利用卷积神经网络（CNN），通过计算机视觉的方法仅基于艺术图片本身进行定价，以此来消除人为的偏差，结果表明仅使用艺术图片本身进行机器学习的效果不佳，原因可能是艺术品的价格很大程度上受作家声誉的影响③。Aubry 等（2019）将艺术品特征、艺术家名气和展出数据等作为输入变量，利用机器学习进行训练，所得结果

---

① Kong, Yuqing. Dominantly truthful multi-task peer prediction with a constant number of tasks.［C］// 2020.
② OxLeia. Unicly Partners with Upshot for NFT Appraisals［Z/OL］.（2021–05–16）. https://medium.com/unicly/unicly-partners-with-upshot-for-nft-appraisals-14cf66fe5e69.
③ Ayub, R., Orban, C., & Mukund, V. Art appraisal using convolutional neural networks［J］. Unpublished, Standford University, 2017.

优于仅使用图片数据和特征价格模型[①]。基于机器学习的方法进行艺术品定价，将有助于推动艺术品拍卖市场自动化，提高交易效率[②]。目前，Upshot One 为了解决人工打分存在的主观性和不精确问题，正在开发有关基于机器学习的打分模型，同时利用用户间互评机制，通过比较得到用户所建立的最优模型和最优定价。

Showtime 的本质是基于 NFT 的社交软件，允许用户将所拥有的 NFT 在 Showtime 平台展示，并且其他用户可以对于平台上的 NFT 进行评价（如点赞和评论），用户的评价将作为 NFT 价格的重要参考，平台将会定期形成排名靠前的 NFT 榜单。目前，Showtime 公布了有关定价的具体模型，但是根据传统艺术品的调研可以发现，用户的评价数据本身可以作为模型训练数据的重要参考。此外，由于 NFT 的功能性特点是有别于传统艺术品的重要特征，NFT 在社交中的身份认同和社区共享特点将会在 NFT 定价中发挥更为重要的作用。

③证券化定价

NFT 存在流动性不足的问题，区块链技术通过允许资产分割来解决上述问题，将资产分割成若干小块。区块链的技术方案在原理上与金融中的资产证券化类似，通过以基础资产所产生的未来现金流为偿付支持，来发行资产支持证券，业界中将此称为"NFT 碎片化"。

---

① Aubry, Mathieu, et al. Biased auctioneers [J]. HEC Paris Research Paper. 2020.
② Jason Bailey. Can Machine Learning Predict the Price of Art at Auction [J]. Harvard Data Science Review. 2020.

NFT碎片化使投资者可以持有每个NFT的一部分,投资者只需出资一部分就可以投资高额的NFT,来换取部分的所有权和收益权。NFT碎片化存在潜在的风险分散化机会,并且可以提高投资组合有效性。

Hongyin Chen 等[1]提出了一种将区块链上 NFT 进行证券化与回购的方案,并基于博弈论设计相关机制。国外对 NFT 碎片化有较多尝试且在此方面发展较快,目前有 NFTTEX[2]、Unicly[3]、NFTfi[4]等。NFT碎片化可以用于借贷、流动性"挖矿"等,但也存在相应的证券合规风险[5]。证券化的思路,提高了 NFT 的流动性,NFT 的价格由市场中流通的 NFT 碎片价格所决定。

3. NFT定价建议

传统艺术品的定价思路对于NFT的定价有一定参考价值,但是NFT作为广义的数字资产,目前有向功能化和社区化发展的趋势,同时NFT结合智能合约存在更多的应用场景和前景机遇,因此,对于NFT的定价需继承并发展传统的艺术品定价方法,具体而言有以下四点。

---

[1] Chen, Hongyin & Cheng, Yukun & Deng, Xiaotie & Huang, Wenhan & Rong, Linxuan. ABSNFT: Securitization and Repurchase Scheme for Non-Fungible Tokens Based on Game Theoretical Analysis [J]. Financial Cryptography, 2022: 407–425.
[2] 参见 https://www.niftex.org/。
[3] 参见 https://www.unic.ly/。
[4] 参见 https://www.nftfi.com/。
[5] SEC. Rulemaking Regarding Non-Fungible Tokens [Z/OL].(2021-04-21). https://www.sec.gov/rules/petitions/2021/petn4-771.pdf.

第一，行业应尽快推进 NFT 的数据标准化，探索相关 NFT 价格影响因子。针对 NFT 价格的实证研究目前有待推进，需进一步考虑有关 NFT 数据本身、NFT 作者声誉、市场表现、社区流行度、功能效用度等一系列因子，加大实证研究，结合传统艺术品定价的特征价格模型，制定有关 NFT 定价的因子模型。

第二，结合大数据技术和人工智能，进一步探索更优化的 NFT 定价模型。NFT 本身具有强数字化，大量、高维、多样的大数据特征，因此基于机器学习、深度学习的定价方法，能够进一步挖掘数据内部之间的关系，克服传统定价方法中线性模型的限制，从而达到更为高效精准的定价。

第三，探索从需求端定价的机制设计。NFT 的社区属性使 NFT 的价格在很大程度上依赖于社区共识和认可度，同时基于智能合约和区块链技术，能够更为准确的凝聚共识和提升效率，因此从需求端出发，发挥 NFT 的社交属性，评测 NFT 的流行度、认可度、功能效用等特征，将进一步更为有效地评定 NFT 的价值。

第四，NFT 证券化有助于 NFT 市场化定价，但须严格遵守法规并控制风险。区块链与智能合约技术为资产证券化提供了更为快捷高效的方式，NFT 证券化能提高 NFT 流动性，帮助市场发现价格。但 NFT 证券化存在极高的风险，我国已在 2017 年坚决叫停和清退 ICO，NFT 证券化存在演变为 ICO 乱局的风险，加大金融市场的系统性风险。探索 NFT 证券化必须严格遵守法规，厘清 NFT 碎片化与证券关系。

二、NFT 监管与合规

（一）NFT 与证券关系

豪威测试（Howey Text）是指美国最高法院用于确定交易是否符合"投资合同"的条件，因此将被视为证券，并须遵守 1933 年《证券法》和 1934 年《证券交易法》的披露和登记要求。根据豪威测试，如果"将金钱投资于一个普通企业，并且合理地期望从他人的努力中获得利润"，则存在投资合同。

该测试适用于任何合同、计划或交易。豪威测试对于将区块链和数字货币项目与投资者、项目支持者联系起来非常重要。在测试中，可能会发现某些加密货币和 ICO 符合"投资合同"的定义。

豪威测试的具体内容包括：一是金钱的投资，二是投资于共同产业，三是投资人有收益预期，四是收益仅来自他人的努力。

通过豪威测试，美国证券交易委员会（SEC）通过以下几点确定了 ICO 确实是证券发行：第一，购买者投资了货币或加密货币。第二，存在共同的企业，即 ICO 通常由一个创建、运营和推广底层加密货币和 ICO 的组织运营。第三，买家期望从他们在 ICO 的投资中获得利润。第四，这些利润来自经营共同企业的组织或团体的努力。

这意味着 ICO 将被要求遵守 SEC 的文件规定，或使用例外，它有自己的一套要求。SEC 打击了特定的欺诈性 ICO，宣布比特币和以太坊不是证券,并暗示所有其他加密货币都可能是证券。由于无法维持这种狂热,加密货币市场在2018年崩溃,并休眠了几年。

那么,NFT是证券吗?由于SEC认为ICO是证券发行,而大多数加密货币可能是证券。人们可能会认为,NFT也是加密货币,也可能被视为证券,但大多数人认为NFT可能不是证券。然而,SEC还没有发布任何关于NFT的指导意见,所以人们必须意识到它成为证券的可能。

让我们来利用豪威测试:NFT的购买者投资资金或加密货币,通常几乎没有与NFT相关的共同企业。相反,大多数NFT都是一次性的或限量版的数字艺术、收藏品,或者一些实用工具,比如游戏中的物品。有些人可能会购买NFT作为一种投资,并期望获得利润,而另一些人可能会购买NFT作为他们的主题并建立一个收藏。一般来说,没有第三方会宣传已出售的NFT的价值。

没有明确的答案,但NFT更类似于艺术品或收藏品,它们不是证券,不是可替代的加密货币。如果NFT有大量供应或版本,它更倾向于可替代的代币,产品线就变得不那么清晰。

不仅NFT的卖方需要关心它被视为证券,交易所也必须关注。如果交易所正在为证券提供市场,它们必须向SEC注册,并遵守SEC的规定。

SEC企业融资部的威廉·欣曼(William Hinman)曾经在演讲中强调了判断某些同质化代币是否是证券的判断标准。其中的部分判断原则也可以应用到NFT的性质判断上。一是NFT的销售方式。如果NFT被出售给公众时,发行人承诺了NFT的立即流通性或者回报。那么此时数字藏品性质较弱，更加具有投资性。也就是说，公众预期通过购买 NFT 以被动收益的方式获得投资回报。二是 NFT 及底层资产的控制和推广方式。如果 NFT 的发行人为 NFT 创建或者影响二级市场，又或者旨在提高 NFT 价值的其他服务，那么该代币更有可能被视为证券。在这种情况下，NFT 的价值增加不取决于其他开放市场上的数字藏家，而是更多依赖于发行人的经营管理行为。此类的交易也更加贴近《证券法》项下的证券发行。

2021 年 3 月 25 日，SEC 的专员海斯特·皮尔斯（Hester Peirce）在证券代币峰会论坛上警告投资者，"SEC 对于一切可能是证券的东西都保持密切关注"。她提醒投资者，某些 NFT 在可能会被 SEC 认定为未登记的证券；Fractionalized NFT，即出售单个昂贵的 NFT 碎片化过程，也有可能被认定为发行证券。皮尔斯认为，豪威测试依然是判断某项投资合同是否是证券的重要标准。但是，她也承认，在虚拟货币面前，豪威测试也面临许多挑战，并不能完全地界定虚拟货币销售、分发的每一种渠道。

NFT 被认定为证券的后果。如果 NFT 被认定为证券，就要受到《证券法》的限制，那么 NFT 项目的发行方就需要在 SEC 进行注册。注册之后，也要受到一系列营销和转让的限制。不合规的 NFT 项目有可能被认定为违反《反欺诈法》。如果误导投资者，还有可能面临民事与刑事处罚。如果想要刻意避开 SEC 的监管要求，发行人必须把发行活动转移到美国境外，并且不接受美国投资者参与。

虽然 SEC 目前没有针对某一个 NFT 的项目业务发起诉讼，但是目前市面上已经出现了普通投资者对 NBA Top Shot 卡牌的发行方提出了非法证券交易指控。2021年5月12日,原告Jeeun Friel等人,针对发行NBA卡牌的发行方Dapper Labs及其CEO Roham Gharegozlou,在纽约州最高法院发起集体诉讼。原告声称Dapper Labs未在SEC注册,它非法发行并销售NFT证券,要求被告赔偿其损失及律师费等费用。

同时我们应注意的是,SEC并非将所有NFT都认定为证券,只是将某些符合特定条件的NFT视为证券。如果NFT对应的是一件独特的数字艺术品、收藏品或游戏道具,它可以有效地作为区块链的真实性证明,那么这种NFT大概率是安全的。但是,如果向公众提供NFT并承诺其具有流动性且发行人会提供其他服务以此来增加NFT的价值,则此类NFT可能会被看作是投资合同中的包装,从而成为证券本身。无论是否将其称为真正的NFT,SEC、法院以及美国国税局(IRS)都更关注特定交易中投资工具的经济实质,而不是其形式。

(二)NFT与财产关系

1. NFT是否属于合法财产

《中华人民共和国民法典》(以下简称《民法典》)采取广义财产权的概念,一般来说任何具有经济价值的,独立于主体之外的有形或无形事物,均可构成财产。法律意义上的财产一般具备三个特征:稀缺性、可转移性和客观价值性。由于NFT可以进行铸造和交易,NFT的交易需要用户通过法定货币获得,而非企业随意发放，这种虚拟道具的获取过程与现实生活中的商品相似，也是一种需要花费社会必要劳动时间的劳动行为。NFT无疑符合前两个特征。关键是NFT是否具有客观价值？根据目前涌现的许多NFT拍卖案例，NFT已被视作一种与传统收藏品相近的数字收藏品，人们对拥有数字收藏品具有强烈的需求。例如由数码艺术家Beeple创作的NFT数字作品"Everydays：the first 5 000 days"在佳士得拍卖行最终以约6 935万美元成交。Twitter前CEO杰克·多西（Jack Dorsey）的首条推特作为NFT资产以290万美元的价格成交。显而易见的是，NFT具备了不同的价值。因此，NFT完全有理由被认为具有客观价值性，也就是说应当被当作一种合法财产。

2. NFT是否属于虚拟财产

《民法典》第127条首次将网络虚拟财产纳入民事财产权利的保护客体范围。① 在2019年杭州互联网法院首例比特币案中，法院认定比特币具有虚拟财产地位，法院认为其符合虚拟财产的构成要件，具备稀缺性、价值性、可支配性。法院认为，比特币虽然不符合货币的合法性，但对其作为虚拟财产的合法性应予以肯定。如前文所述，NFT由原本具有稀缺性的产品铸造而成，并且记录在区块链上，保证其专有性和稀有性，同时NFT产品在交易的过程中也具备了不同的价值，并且NFT所有者也可处置自己的NFT。因此，NFT产品也具有稀缺性、价值性、可支配性，可构成虚拟财产。

---

① 参见《民法典》127条："法律对数据、网络虚拟财产的保护有规定的，依照其规定。"

（三）NFT 与物权关系

目前，不同的法律专家对 NFT 是否具有法律物权的看法不尽相同，一类专家学者认为，NFT 属于网络虚拟财产，其法律属性是物，特别是利用区块链技术形成的虚拟财产具有物权的属性，可由个人支配所有，可纳入无形物的范畴，可以建立物权。虽然《民法典》第 127 条规定："法律对数据、网络虚拟财产的保护有规定的，依照其规定"，但仍然缺乏与之相关配套规定。

就 NFT 等新型数字资产而言，因存在于区块链系统而具有不同于传统虚拟财产的全新特征，使持有者对这种新型数字资产所具有的权益得以清晰确定，可以对其进行排他支配，符合物权特征，并有效解决了数据文件易于篡改等问题。性质上 NFT 与物权保护体系下的所有权更为接近，而与传统的债权、知识产权等存在较大差异，应参照物权保护路径进行保护。

当然也有学者认为中国物权体系下的所有权包括对权利客体排他性的处置，一般权利客体是具有排他性与竞争性的各类动产与不动产。而像易于篡改、不易特定、不具有排他性和竞争性的数据文件，难以被民事主体所控制与独占，导致数据文件难以成为物权保护的客体。①

即使是 NFT 这种新型数字资产，也存在由于多种不同的链而出现一种资产对应多个 NFT 的情况，并且不同的 NFT 交易平台

---

① 纪海龙. 数据的私法定位与保护 [J]. 法学研究，2018，6.

的服务条款对用户具有的 NFT 服务条款也有不同的规定。例如 OpenSea 将自己定义为一个平台，并声称它"不是加密资产买卖双方之间任何协议的一方"[1]。如果一个平台真的不进行控制，那么在创建 NFT 之后，它就无法影响用户对 NFT 的访问。但事实并非如此，原因有二。一是 OpenSea 自称是"世界上第一个也是最大的 NFT 市场"[2]。OpenSea 博客中有一篇很长的文章，叫做《NFT 圣经：关于 NFT 你需要知道的一切》。在文章中，作者还揭露了一个重要的、被广泛接受的观点——NFT 是永久性的，因为它们与智能合约有关。个人必须使用网站或 App 来访问 NFT。如果这些网站或 App 消失了，NFT 的大部分价值也会随之消失。二是虽然各个网站的使用条款不承认对 NFT 资产的控制，但它们保留从这些网站删除对 NFT 的所有访问的权利。例如 OpenSea 警告用户，如果他们违反 OpenSea 的服务条款，OpenSea 可能会从其网站上删除用户的资产。

买家可以用法定货币在官方的交易平台上购买 NFT，其实就相当于平台与消费者建立了一个使用权的买卖合同，从而得到 NFT 的使用权。因此，将用户与 NFT 的关系定义为用益物权[3]的使用权关系而非所有权可能会使 NFT 的交易更加合理。

---

[1] 参见 OpenSea 服务条款。
[2] 参见 https://opensea.io。
[3] 用益物权，是指非所有人对他人所有之物享有的占有、使用和收益的权利。

（四）NFT 与版权关系

1. NFT 是否具有版权

原始资产版权所有权与 NFT 版权所有权有一定的区别。随着 NFT 的普及，人们提出的主要问题是，NFT 购买者对现有艺术品拥有知识产权，还是仅对其数字副本拥有版权。这必须根据创作者和 NFT 购买者签订的智能合同的性质进行分析。根据印度颁发的《1957 年版权法》指出，艺术作品指绘画、雕塑、绘图（包括图表、地图、图表或平面图）、版画或照片，无论此类作品是否具有艺术性，或任何其他艺术工艺作品。《1957 年版权法》第 14 节为创作者提供了一系列经济权利，可以行使版权权利。例如，如果一个人创作了一件艺术品，他就有权复制、发行或创作原始艺术品的衍生作品。然而，如果一个人购买了一件艺术品，他们购买的是实物画，他们可以展示实物画，而不是复制、创作衍生作品或出售绘画复制品。只有当版权所有人书面确认他们希望将这些权利与版权一起转让时，基础版权才会转让。类似地，在 NFT 中，基础数字资产的版权和所有权仍属于此类资产的创作者，NFT 的购买者仅获得展示 NFT 的权利，除非管辖购买的智能合同明确提及数字资产的经济版权转让。

2. NFT 的数字版权是否携带知识产权

NFT 持有人在购买后应获得一系列权利，即 NFT 的购买是否等于版权转让。在大多数情况下，版权属于创作者，NFT 持有人仅为非商业目的获得有限的使用权、复制权和展示权。条款应规定智能合同是作为许可协议还是转让协议运行。在转让协议中，知识产权所有人将所有权利转让给受让人，而在许可协议中，所有人授权被许可人在特定情况下使用与知识产权相关的权利。[①]然而，在上述情况下，原作品的所有权将由创作者保留，NFT的所有权和有限的经济权利，将转让给NFT购买者。例如，在NBA Top Shot中，使用NFT许可证模板，权利持有人可以通过该模板将NFT代币与潜在的无形财产区分开。

一般来说，NFT交易的对象仅限于NFT本身，并不包含底层资产。也就是说，大多数NFT交易并不涉及版权的转让或许可。为了避免纠纷，一些NFT交易平台甚至在条款中明确排除NFT购买者对作品进行商业利用的权利，作品的创作者依然完全保有对其作品的相关知识产权。

（1）NFT与底层资产权相分离

NFT作为不可替代的通证，获得NFT并不等于直接享有该NFT的底层资产。在《知识产权法》中，知识产权的客体具有非物质性。知识产权的客体往往是依附于物质载体的，但这并不代表知识产权客体就是物质载体本身，因此，获得物质载体本身并不等于享有物质载体所承载的知识产权[②]。作品NFT化后，NFT相当于作品的物质载体，作品通过依附于NFT而存在于区块链之上，因此

---

① K. Parikshith Arvindana. Non-Fungible Tokens–An Overlap between Blockchain Technology and Intellectual Property Rights［J］. Jus Corpus Law Journa. 2021.

② 王迁. 知识产权法（第六版）［M］. 北京：中国人民大学出版社，2019.

NFT 持有人并不代表享有该 NFT 所指向作品的知识产权。

知识产权是否被包含在交易对象中，一方面取决于合同的约定，另一方面依赖于技术条件。理论上，随着技术的发展，合同可以以特定的方式，将 NFT 底层资产的知识产权包含在被交易的对象中。如利用智能合约的特性实现知识产权的交易，比如通过技术手段限定作品的展示时间、空间等因素，使非物质性的知识产权在交易后能够被特定主体有效控制。

（2）作品 NFT 化中的知识产权侵权风险

实践中，将受著作权保护的数字文件铸造成 NFT 的过程可能面临显著的著作权侵权风险。一方面，NFT 的底层资产可能本身就是盗版内容，另一方面，也可能存在未经著作权人同意而擅自将正版作品 NFT 化的情况。例如，一些社区已经收到许多艺术家的投诉，称有人伪造他们的作品并将其上传到区块链网站上，这些网站随后生成了 NFT。根据《中华人民共和国著作权法》，第 53 条规定："未经许可，复制发行"属于侵权行为。也就是说，在未经他人允许的情况下，擅自将他人作品 NFT 化，属于侵权行为。在上述情况下，当底层资产的著作权人声称平台上的 NFT 产品存在侵犯其著作权的情况时，承担侵权责任的主体在现有的法律规定下并不明确，除了将作品 NFT 化的用户主体，NFT 平台是否要承担侵权责任是不可回避的话题。

针对这一现象，部分 NFT 平台会事先做出免责声明，明确不承担作品 NFT 化中可能存在的著作权侵权责任；部分 NFT 平台如 SuperRare 则会核验创作者身份信息，主动承担一定的降低著作权侵权风险的责任；一些 NFT 平台目前针对非原创作者所制作的 NFT 进行警告并删除其 NFT。OpenSea 平台也有免责声明：OpenSea 保留不预先告知即移除内容的权利。当用户因侵权而使 OpenSea 平台收到索赔时，平台将移除其作品，并终止该用户对 OpenSea 平台服务的访问[①]。

著作权侵权风险是 NFT 平台所要面对与处理的重要问题之一，NFT 平台可以通过设置服务条款和用户须知来尽可能降低风险发生的可能性，同时在侵权行为真的发生时，各大 NFT 平台也应该结合当前的法律条款设置好系统的流程来应对这样的情况。

此外，随着 NFT 市场的发展与 NFT 相关的知识产权侵权风险可能会增加。目前，市场中已经出现了 NFT 自动化的实践，即允许用户通过简单的脚本来创建 NFT，以供创作者自由选取作品并进行铸造和拍卖。[②] 或许 NFT 自动化会成为数字资产市场的下一个风口，一方面能够加速区块链技术与数字作品的融合，另一方面又会带来新的版权保护问题。

---

① 参见 https://opensea.io。
② 参见 https://news.bitcoin.com/a-step-by-step-guide-to-creating-and-selling-non-fungible-tokens-built-with-bitcoin-cash/。

三、NFT 与数字资产

（一）实物资产数字化

NFT 可以用于现实世界的实物资产，如图画、房屋、车辆或任何物理存在的东西，这些 NFT 可以以条形码、标签或任何其他可以对其进行编码并可以代替实物进行交易。实物 NFT 开始在我们的社会中开花结果，它正在彻底改变在没有中介参与的情况下信任第三方的概念[1]。

实物 NFT 其实是一种资产创造的术语。这些 NFT 可以像使用加密货币的数字货币一样以相同的方式转售，也可以赎回其所代表的实物资产。NFT 的实质是区块链中的一种可验证的分布式账本，所有涉及交易、身份、订单等与该实物资产相关的信息，都可以被记在上面。而这些 NFT 可以通过标签等方式被带到物理世界中，这样消费者就可以在购买物品时进行验证等操作。

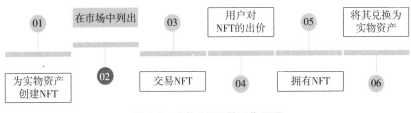

图 6.2　实物 NFT 的工作原理

---

[1] Blockchainappfactory. NFT for Physical Assets［EB/OL］.［2022-03-18］. https://www.blockchainappfactory.com/nft-for-physical-assets.

（二）数字孪生

Tether 联合创始人威廉·奎格利（William Quigley）大胆主张，"未来 10 年，所有不能食用的消费品都将拥有数字孪生。它们将拥有 NFT"。

"数字孪生"即物理产品或资产的数字副本。从本质上讲，NFT 是一种可验证的分布式账本，它允许对实物资产的所有权进行数字记录。

在购买实体物品，尤其是一些昂贵的交易时，人们难免会有疑问，即我怎么知道我的资产是真的？我所进行的交易是否为真实交易？

由于假货市场带来的巨大利益，假货贸易一直难以根治，在 2019 年，假货贸易占世界贸易总额的 3.3%。某报告发现，博物馆拥有的所有画作中，假画占比多达 20%。在球鞋领域，这个问题尤为显著，以至于球鞋验证和转售平台 StockX 的估值接近 40 亿美元。得物等平台借此也受到许多年轻人的欢迎。

而这种状况伴随着近年来电商的发展而更加严重。电商曾经一度严重依赖第三方批发商，奢侈品的高额利润让许多身处中间链条的商家冒着风险掺假以牟取利益，而这也使许多时尚品牌试水电商，纷纷开辟线上旗舰店。

UL 品牌保护经理 Aaron Aguliar 告诉《纽约时报》："假冒产品的质量比以前有了很大的提高，几乎在你能想到的每个行业中都是如此。如果你能赚到 1 美元，那么造假者就会想办法利用这种需求。"

假冒产品的质量与正品难以区分，人们对奢侈品牌的追求与需求，种种因素驱动着假冒商品的日益猖狂。如今，现实世界中物品的真实更加难以确定，尤其是从经销商处购买时。而NFT的出现为遏制假货市场提供了可能性。

实物资产拥有对应的NFT将彻底改变转售市场。当你买一双鞋时，你不仅会得到鞋子，还会得到一件对应的NFT。然后，你可以将鞋子和NFT卖给其他人，他们可以清楚地看到该产品的完整信息与交易历史。你可以想象2030年的高中生穿着新鞋上学，除了乔丹鞋，他们还需要"炫耀"他们的数字钱包[①]。

不过，这可能会在2030年之前到来，耐克和路易威登等品牌已经"跳"上了NFT的列车，以对抗日益复杂的造假者。

路易威登、普拉达和卡地亚合作开发了它们的定制区块链Aura，该区块链用于标记对现实世界奢侈品的所有权。它们在NFT上押注Aura，这项服务可能很快会取代当前的真实性证书标准。

耐克已经为基于区块链的验证系统申请了专利，称为Crypto-Kicks。从专利的外观来看，CryptoKicks不仅可以验证真实世界的所有权，还可以像NFT游戏一样，允许用户繁殖、购买和出售鞋子。

（三）价值意义

从上述事例可以看出，NFT和区块链技术可以在实物资产领域

---

① Queue-it. 11 exciting NFT trends shaping the future of non-fungible tokens［EB/OL］.［2022−03−18］. https://queue-it.com/blog/exciting-future-nft-trends/.

发挥作用。

1. 验证

NFT 的一个关键属性是它可以帮助验证真实性，而这正是因为每个 NFT 具有唯一性、不可复制、不易篡改等特征。耐克为 Crypto-Kicks 申请了专利，可以将数字资产绑定到每双鞋上。当有人想转售它们的鞋子时，它们可以出售鞋子并转让与该鞋子配对的数字资产的所有权。而由于它是数字记录的且无法修改，这为实体球鞋增加了额外的安全层。

2. 价格透明度

如果一件商品的每一笔销售都记录在区块链上，并且数据可以公开访问，那么它将大大提高价格透明度。这可以通过多种方式使投资者和收藏家受益。要知道准确了解价格以及交易历史信息有助于确定买家获得商品的价格是否合理，以及所购买的商品是否具有投资潜力。在价格透明度更高的市场中，买家通常会受益，因为经纪人收取高额佣金或不公平价格的空间较小。

3. 版税支付

Rarible 等一些平台现在允许创作者在未来的每次销售中赚取佣金。受智能合约约束的 NFT 可以在 NFT 交易时指定向创作者自动执行付款。

当然，并非所有收藏家都支持这一概念，因为有些人认为，一旦他们购买了一件物品，他们就是完全的所有者，将未来销售额的一部分支付给创作者是不公平的。

4. 流动性

如果说传统艺术品的拍卖仅限于拍卖行的客户，那么任何人都可以用加密钱包买卖 NFT 作品。这能让全球更广泛的买家和卖家进行交易，增加流动性。

5. 绿色

如今，全球服装销售额达到万亿美元，全球授权商品销售额达到千亿美元。这些交易会消耗大量的原材料，甚至产生大量的纸张和塑料垃圾。

未来几年，越来越多的人将探索如何围绕数字商品和票务来使用 NFT。因此，随着以太坊 L2 的发展，品牌似乎可能会越来越多地将精力集中在通过 NFT 进行商品销售和活动的数字方面。如果这种重心转移使公司在未来几年内将 10% 的实体商品活动转移到基于 PoS 的 NFT，那么这可能会减少一大笔温室气体排放，并且它还将减少出口和进口纸张和塑料废物等。

Bankless 的 NFT 专栏作家威廉·M. 皮斯特（William M. Peaster）写道："在这里，考虑基于 PoS 的绿色链和 L2 上的 NFT。想想 Polygon、Arbitrum、Optimism 和其他以太坊扩展解决方案，还要想想尚未到来的大量 L2，很快以太坊 L1 本身即将完全转向 PoS。关于这种转变，最近的一项估计表明，以太坊的能源消耗约等于

1 000位澳大利亚人每年使用的能源量,基本上所有NFT活动都是'绿色',只需要很少的电力。因此,NFT的去物质化前景应该被更多的人更认真地对待,我认为随着时间的推移会如此。NFT永远不会取代其所有物质类似物,也不应该在各种情况下发生。然而,与此同时,如果世界上越来越多的国家接受NFT作为数字商品来替代传统商品,例如用NFT数字藏品来替代纸质画作、NFT数字票据替代传统发票,这绝对可以帮助降低国际能源消耗水平。"[1]

四、NFT与数字经济

(一)NFT与元宇宙

1.元宇宙

要了解NFT与元宇宙的关系,我们首先需要知道什么是元宇宙。

"元宇宙"一词,诞生于1992年的科幻小说《雪崩》,小说描绘了一个庞大的虚拟现实世界,在这里,人们用数字化身来控制,并相互竞争以提高自己的地位。在现在看来,描述的还是超前的未来世界。

Meta创始人扎克伯格认为元宇宙是一个融合了虚拟现实技术,

---

[1] William M. Peaster. NFTs as dephysicalized merch [EB/OL]. [2022-03-18]. https://metaversal.banklesshq.com/p/nfts-as-dephysicalized-merch.

用专属的硬件设备打造的具有超强沉浸感的社交平台。腾讯对元宇宙的定义是一个独立于现实世界的虚拟数字世界，用户进入到这个世界之后可以用新的身份开启全新的自由生活。在阿里巴巴眼里，元宇宙是一个允许商家自行搭建的 3D 购物空间，让用户进入其中，有一种真实的"云逛街"的全新购物体验。维基百科对元宇宙的描述是：通过虚拟增强的物理现实，呈现收敛性和物理持久性特征的，基于未来互联网，具有链接感知和共享特征的 3D 虚拟空间，它的本质是平行宇宙。元宇宙无法脱离现实世界，它与现实世界相通却又独立于现实世界，人们可以在其中进行真实的社交和工作。

简单地说，元宇宙可以理解为一个共享的虚拟空间，类似于我们对物理世界的体验。例如，玩家可以在数字世界中购买土地和车辆等虚拟资产，玩家也可以与朋友闲逛、参加活动等。

举一个简单的例子，你是某当红歌星的粉丝，他将带着自己的新歌与大家线上见面，于是你在 UniSwap 把值钱的东西换成代币，然后在售票处把代币换成了门票，在演唱会上，你交到了同样是这位歌星粉丝的朋友，你们一拍即合，商量着怎么用现有的信誉贷款投资，获得更高的收益和体验。又比如视频游戏与类似于现实的虚拟空间相结合，给玩家带来与现实难以区分的体验。

鉴于目前技术的局限性，元宇宙的全部潜力仍然未知。

尽管目前对元宇宙概念的理解没有一个严格的标准，但其基本特征是为大众所接受的，即 Roblox 提出了元宇宙的八个关键特征：身份（identity）、朋友（friends）、沉浸感（immersive）、低延迟（low friction）、多样性（variety）、随地（anywhere）、经济（economy）、文明（civility）。

2. NFT 是元宇宙潜在的经济载体

NFT 在区块链加密领域中主要解决数字的稀缺性、唯一性、数字产权化等。因此在元宇宙中 NFT 会彻底颠覆如艺术品收藏、产品游戏领域等一系列物品，它让元宇宙以开放无须信任的形式存在，实现去中心化的所有权。

首先，NFT 的意义在于实现了虚拟产品的资产化，每一个 NFT 都可以映射到对应的虚拟商品。通过将数据内容进行链上映射，用户可以直接生产虚拟商品、交易虚拟商品，就如同现实世界的商品买卖，通过上链，虚拟物品拥有了其交易的实体。其次，NFT 可以成为元宇宙权利的实体化，程序通过识别 NFT 来确定用户权限，未来 NFT 就像一把数据化的钥匙，成为虚拟世界确权的凭证。NFT 可以让云宇宙中的任何权利轻松实现金融化，如访问权、查看权、审批权、建设权等，NFT 方便这些权利的流转租用和交易。以"绿洲币"为例，用户手里有"绿洲币"并不一定代表"绿洲币"就是你的，但 NFT 属性的"绿洲币"则可以非常明确唯一地标注了你的所有权，你既是该币的主人，也可自主支配使用。最后，元宇宙的身份、朋友和沉浸感特征展现了其强社交属性。NFT 允许来自全球各地的用户随时随地进行沟通和交流。未来元宇宙将服务于几亿人甚至几十亿人，因为 NFT 的非同质性和不可复制性满足了简单、快速、准确识别身份信息的需求。

NFT 在元宇宙生态系统中有两个主要用途。一是关于虚拟土地

（土地或地产）的所有权；二是拥有构成这个虚拟世界的资产（可穿戴设备、现实资产等）。

目前，"NFT + 元宇宙"受到各领域的关注，英伟达 CEO 黄仁伟认为现在正是元宇宙的风口，而 NFT 将在其中扮演重要角色。Meta 创始人的姐姐兰迪·扎克伯格计划为韩国流行音乐内容创建 NFT 平台并开发源元宇宙项目；而众多公链如 BSC、以太坊开始加紧进行"NFT + 元宇宙"的基础设施建设。

元宇宙和 NFT 的关系可以用相辅相成来表示：元宇宙需要拥有自己的经济系统，并且要让其保持活力以此来持久运作，将现实中的经济系统映射到虚拟世界中的难题不是经济模式的嫁接，而是经济单元的价值保证。在一切都是由数字堆砌的虚拟空间，如果可以随意复制滥造，事物的价值属性就几乎为零，NFT 可以为每份数据确权，不让任何人进行篡改。数据有了稀缺性，价值也就得到体现。

NFT 会渗透到元宇宙中每一个需要拥有价值的虚拟单位上，也会利用其独特的去中心化技术特点和价值共识为元宇宙中的经济系统有序运转、保驾护航。

3. NFT 是推动元宇宙发展的重要力量

NFT 可以成为元宇宙权利的实体化，就像实体钥匙一样，程序能够通过识别 NFT 来确认用户的权限，未来 NFT 能够成为信息世界确权的凭证，这将实现虚拟世界权利的去中心化转移。任何用户都享有拥有权和控制权，无须第三方登记机构就可以进行虚拟产权的交易，能大大提高数据资产交易流转的效率。正是由于这个原因，用户才能使自己的数字物品拥有持久稳定且真实的价值。

（1）公平透明的经济

如今，个人用户和企业可以轻松地在数字去中心化环境中代表他们的真实资产和解决方案。通过使用与可互操作的区块链游戏同步的创新游戏模型，元宇宙可以向更多现实世界的资产开放。

NFT在元宇宙中的作用将随着新模型的出现而变得更加突出，例如P2P游戏模型。它不仅提供了使用NFT推动虚拟世界参与度的机会，而且还为玩家提供了机会。最重要的是，它允许玩家完全拥有和控制资产来提供公平的游戏体验。

人们不禁注意到游戏公会在推动NFT元宇宙互动增长方面的重要性。公会充当购买游戏内NFT资源（例如资产和土地）的中介。然后，公会将资产和土地借给可以在不同虚拟世界中使用来赚取收益的玩家。作为回报，靠游戏赚钱的公会只会从收益中分得微不足道的份额。因此，玩家可以利用NFT在元宇宙中找到公平和开放经济。

公会可以为没有前期资金的玩家提供先发制人的机会来降低游戏的门槛。因此，这实现了元宇宙中公平经济的可能性，它允许每个人参与。用户还可以在NFT市场上毫无障碍地交易他们的NFT资产，如游戏内收藏品和数字房地产。

NFT在元宇宙中的作用显而易见，因为区块链提供了透明度和不变性。虚拟世界中公平开放的经济在很大程度上取决于这些属性。现在，供需的基本规律将推动NFT的稀缺性及其链上价值。在没有了人为价值膨胀的可能性后，未来，元宇宙和NFT将共同创造一个透明且公平的经济环境。

（2）新一代社区、社会和身份体验

NFT 元宇宙项目也将在改变元宇宙用户的身份、社交和社区体验方面发挥重要作用。用户可以通过持有 NFT 资产来展示他们对特定项目的支持或表达他们对虚拟和现实世界的看法。因此，志同道合的 NFT 持有者可以形成社区来分享经验和协作内容创作。

NFT 化身代表了玩家真实自我和他们想象中的自我。玩家可以使用他们的 NFT 化身以访问代币的形式进入元宇宙中不同位置并在不同位置之间切换。可以说，这是将 NFT 为用户真实身份的扩展，具有完全的所有权、控制权和构建虚拟身份的灵活性。

借助 NFT 化身，用户可以获得虚拟会员资格，从而在现实世界和元宇宙中获得广泛的体验。因此，元宇宙和 NFT 的结合可以改善用户的社交和社区体验。NFT 化身在元宇宙中用于启动和创建内容。

（3）房地产新趋势

虚拟世界拥有大量的虚拟空间和不动产。人们可以使用 NFT 来获得元宇宙虚拟空间的完全所有权。在区块链的帮助下，用户可以在开发虚拟房地产的同时轻松证明资产的所有权。

此类 NFT 元宇宙项目的显著案例包括出售虚拟土地以获取利润。人们还可以租用土地以获得被动收入，同时开发各种活动，例如在线商店举办活动。

Decentraland 是在虚拟世界中展示数字房地产场景中最受欢迎的案例。Decentraland 与阿迪达斯合作举办了一场虚拟时装展，设计以 NFT 的形式拍卖。虚拟房地产的流行也引起了音乐艺术家对其作品行使所有权的兴趣。数字不动产将泛指未来数字资产的所有权,每个 NFT 持有者都会在元宇宙中占有一席之地。

4. 元宇宙为 NFT 提供丰富的应用场景

NFT 概念的火热,吸引了许多用户的注意。然而,由于 NFT 市场仍然处于早期阶段,缺乏一套统一的估值标准和定价体系。这也使一些团队通过各种包装、炒作手法来吸引用户进场。我们经常看到,一双袜子被拍出 15 万美元,推特上的几个单词被拍出 250 万美元……诸如此类的例子比比皆是,这正是因为用户对 NFT 的内在价值缺乏足够的共识。在元宇宙中,每个数字产品、虚拟装备,都是由真实的玩家支撑。从这个方面来看,元宇宙可以带动 NFT 成长,规范 NFT 交易规则,使 NFT 发展趋于合理化。

除此之外,元宇宙能赋予 NFT 更多的可能性。如前文提到的 NFT 门票,"NFT+票务"已经能很好地遏制二级市场虚假售卖以及价格过高等问题。元宇宙能赋予 NFT 更多的"玩法",如线上演唱会,歌星拥有虚拟化身,甚至未来随着 VR 等技术的发展,元宇宙演唱会能为观众带来更身临其境的体验感。

由此可见,元宇宙能为 NFT 提供丰富的应用场景,并促进 NFT 更快、更理性地发展。

(二) NFT 与社交经济

技术分析师及投资人认为:人们从心理层面看就像是"寻求地

位的猴子",他们寻求机会来确认和展示他们在身份群体中的成员身份,以及他们在社会等级中的位置。

价格已经不再是衡量和评估 NFT 价值的唯一方法。有时,构建一个让 NFT 持有者或 NFT 兴趣爱好者深度参与的体系可以远超 NFT 本身所创造的价值。

1. NFT 与身份属性

如果你在网上看到某个名人的社交软件头像是一个像素图片,或者是一个猿猴,那么这个头像很有可能是其购买的 NFT 副本。Twitter 向用户推出了 NFT 头像订阅服务 Twitter Blue,用户更换后的 NFT 头像,将会以六边形的形式展示。据英国《金融时报》报道,Meta 旗下社交平台 Instagram 和 Facebook 正在开发使 NFT 作为用户个人资料的一部分进行展示的功能。2021 年 10 月 1 日,抖音海外版宣布推出首个 NFT 合集 TikTok Top Moments。NFT 会发布在以太坊上,并由 Immutable X 提供支持。该系列聚焦在娱乐、文化和社区中具有影响力的创作者及其热门视频,将它们的精彩时刻制作为 NFT 并发行,收益将直接捐给相关的创作者和 NFT 艺术家。旨在为粉丝和 NFT 爱好者提供一种对创作者表示支持的方式。2021 年 6 月,支付宝在蚂蚁链粉丝粒小程序上线"敦煌飞天""九色鹿"付款码皮肤等 NFT 产品,一经上线就被迅速抢光。其中,"敦煌飞天"NFT 产品在二手交易平台一度被炒作至 150 万元的天价。

2021 年 5 月 1 号,知名收藏家 Pranksy 发推特表示自己购买了 250 多只猿猴 NFT。仅 117 分钟之后,BAYC 售罄,而余文乐、陈柏霖、NBA 球员拉梅洛·鲍尔（LaMelo Ball）等多名国内外明星使用 BAYC 作为社交媒体的头像，这一系列的名人效应激发了大众对 BAYC 的兴趣。

玩家用猿猴 NFT 作为社交头像，某种意义上像社交时的身份认证，有助于持有人与其他成员产生共鸣和获得额外社交资本。在 BAYC 社区里，大家把社交网络的头像设置为猿猴，并且会互相关注，进而刮起"Ape follow Ape"的潮流。

猿猴 NFT 持有者可以享受 BAYC 俱乐部成员独有的福利。例如每个成员可以进入 BAYC 官网的协作涂鸦板"浴室"功能；只需支付 Gas 费就可以在 The Bored Ape Kennel Club 免费领养一只 Club Dog NFT；在 Bored Ape 儿童俱乐部中制作 Bored Ape 的儿童绘本等。

收藏、点赞和关注者数量是社交平台衡量用户重要性的标准，社交平台鼓励加密爱好者晒出他们收藏的 NFT，为用户提供身份象征。正如 Eugene Wei 所说，社会地位即服务。就像消费品中的炫耀性消费一样，这些新的数字身份符号让人们确认和展示社群成员身份，以及他们的社会地位。

2. NFT 是 Web3.0 社交的基础

YouTube 的首席执行官苏珊·沃西基（Susan Wojcicki）说："我们一直关注 Web 3.0 中发生的一切，以此作为继续在 YouTube 上创新的灵感来源。过去一年，在加密货币、NFT 甚至去中心化自治组织的世界中，都突显了一个难以想象的机会来加强创作者与其粉丝之间的联系。我们一直专注于扩展 YouTube 的生态系统，以帮助创作者利用新兴技术，包括 NFT 等技术，同时继续加强和提升创作者和粉丝在 YouTube 上的体验。"

Web 2.0 社交体验（又称社交媒体）指的是把线下生活带到线上，即用照片或视频的方式记录真实生活瞬间，然后放到社交媒体平台上，供他人消费、点赞和评论。这就像真人秀，素材来自于我们的真实生活。随着 Web 3.0 的到来，未来我们可能会把网上虚拟生活记录下来，并进行分享，而这正是 Web 3.0 的社交体验乐趣所在。换句话说，如果真实的生活瞬间、经历是 Web 2.0 的社交素材，那么虚拟的经历和资产将是 Web 3.0 的社交素材。而 NFT 的出现，使记录这些数字时刻、经历和财产成为可能。

据 CryptoSlate 消息，2022 年 2 月 2 日，Web 3.0 虚拟身份网络 NFT3 已完成 750 万美元种子轮融资，Animoca Brands 领投，DFG Group、CMS Holdings、LD Capital 和 Prometheus Labs Ventures 等参投。该平台首席执行官迪伦·杜德尼（Dylan Dewdney）表示，新资金将用于进一步开发其去中心化的身份解决方案，并以一种新颖的方式与 NFT 配对。

NFT 成为社交平台头像是人们第一次在社交媒介上展示自己的虚拟生活，未来，越来越多的网络行为、经历和成就将以 NFT 形式呈现。NFT 将不仅是记录数字资产的工具，还是记录和展示数字行为的工具，未来我们可以像在社交平台分享照片一样，在钱包里展示我们的 NFT。

(三) NFT 与数字营销

1. NFT 创造品牌价值

如今,NFT 的使用价值已经不仅局限于个人,还可以被公司和其他机构用来建立自己的品牌和市场。可以说,NFT 开辟了一种全新的品牌故事和消费者互动形式,这也是有效营销策略的重要支柱。NFT 引入了一种新形式的社交商务,为创作者和收藏者提供支持,为中小企业提供了动力。利用 NFT 进行品牌营销,可以从很大程度上提升自身品牌知名度与发展空间。

NFT 的出现,不仅增加了品牌推出产品的形式,冲破了传统意义上市场对产品价值的定义,而且对品牌营销产生了意想不到的作用。随着 NFT 项目热度的攀升,各大品牌纷纷试水,借助 NFT 进行品牌建设。作为新兴事物,NFT 就像一股"潮流",绝大多数知名品牌都希望跟上这波潮流,它们不愿错失在该领域的领先地位和营销的良机。因此,与 NFT 的投资价值相比,各大知名品牌在推出 NFT 产品时更加看重其为品牌带来的话题度和曝光度,以及对品牌价值的提升。

2021 年 8 月 23 日,全球支付处理公司 Visa 宣布,它以 15 万美元的价格收购了 CryptoPunk#7610,此次收购是大公司首次涉足 NFT 的标志性事件。Visa 加密部门负责人库埃·谢菲尔德(Cuy Sheffield)称:"此次购买有三个主要原因[①]。第一,我们认为 NFT

---

① Sheffield, C. (n.d.). NFTs mark a new chapter for digital commerce [EB/OL]. [2022-03-18]. https://usa.visa.com/visa-everywhere/blog/bdp/2021/08/18/nfts-mark-a-1629328216374.html.

将在零售、社交媒体、娱乐和商业的未来发挥重要作用。为了帮助我们的客户和合作伙伴参与,我们需要对全球品牌购买、存储和利用 NFT 的基础设施要求有第一手的了解。第二,我们还想表达对推动 NFT 商业未来的创作者、收藏家和艺术家的支持。无论是帮助小微企业主得到网络服务,还是让公司更容易跨境支付合作伙伴的费用,我们都在帮助买家和卖家。我们很高兴能与这个不断发展的社区合作,使 NFT 在各种环境下都可用和可访问。第三,我们想收集一个 NFT,它象征着这个特殊文化时刻的兴奋和机遇。我们是一家沉浸在商业和支付的历史的公司,但我们着眼于未来。购买 CryptoPunk#7610 后,我们会迈出第一步。这只是我们在这一领域工作的开始。"

除去上述的三个官方原因,还有一个很重要的原因是公关价值,快速浏览 VisaNews 的 Twitter 页面,你会发现关于 CryptoPunks 帖子比其他帖子受到的关注要多。

此次收购的消息在商业新闻网站上迅速传播。[①] 这一场 15 万美元的购买实际上成了一场广泛的营销活动,产生的公关价值远远超过了购买资产本身的成本。通过此次 NFT 收购,该资产的价值大约翻了一番。

另一个例子是百威啤酒从火箭工厂(TSRF)的藏品购买了一个 NFT,TSRF 由纽约著名当代艺术家汤姆·萨克斯(Tom Sachs)

---

① Browne,R. Visa jumps into THE NFT craze, buying a "CryptoPunk" for $150 000 [EB/OL].[2022-03-18]. https://www.cnbc.com/2021/08/23/visa-buys-cryptopunk-nft-for-150000.html.

创作。TSRF 是一个独特的项目，因为它涉及收集火箭零件以形成一个完整的火箭。火箭由三部分组成：头锥、机身和尾部组件。这三个部件可以组成一个完整的火箭 NFT。一旦部件 NFT 被组合并燃烧，一个完整的火箭 NFT 就会被铸造出来，但最多可铸造 1 000 枚完整的火箭。

多年来，萨克斯与许多知名品牌如香奈儿和耐克密切合作。随着《版权法》允许仿拟作品的使用，大多数火箭零件上都有预先存在的公司标志。

一旦一枚完整的火箭被铸造出来，所有人都可以选择"发射"他们的火箭。如果获得批准，该项目将制作一个火箭实物雕塑并"发射"，尽一切努力进行回收。然后，实物火箭将在一个定制的显示框中发送给所有者，而完成的火箭 NFT 将使用从发射中收集的元数据进行更新，记录此次发射的视频也将链接到完整的火箭 NFT。

此外，还可借助 NFT 进行公益活动来提高公众对品牌的好感度。品牌自身的知名度加上 NFT 的稀缺性，将大大提高公益活动的参与度和关注度，进而增加品牌曝光度并提升品牌好感度。2021 年 5 月 17 日，一站式数字商品平台 iBox 发行了首套公益 NFT 作品，这也是国内首个推出的公益数字周边作品，开创了利用区块链凭证技术助力公益事业的先河。同年 5 月，Gucci 就制作了首部 NFT 时尚短片，并将短片拍卖所得的 25 000 美元捐赠给慈善机构，以提高落后地区的疫苗接种率。

2. NFT 创新品牌体验

著名奢侈品牌路易威登在其创始人 200 周年诞辰之际,把品牌故事穿插到一款名为"Louis: The Game"的游戏中,使玩家在游戏过程中加深对品牌内涵的了解。NBA 和 Dapper Labs 联合推出官方联名 NFT 集卡游戏 NBA Top Shot,让数字版球星卡以更灵活的形式呈现,提升了球星卡的交易体验与收藏价值。巴宝莉与 Mythical Games 的多人在线游戏 Blankos Block Party 合作,创建了一个名为"Sharky B"的官方 NFT 游戏角色。宝洁、耐克、腾讯、阿里巴巴等巨头企业也纷纷开始了 NFT 营销。

可口可乐和数字可穿戴设备设计平台 Tafi,联合推出了 NFT 数字藏品,这组名叫 Coca-Cola Friendship Box 的作品包含四个稀有的单版动态 NFT,分别是金属红泡泡夹克、友谊卡、声音可视化器、复古冰箱,以及一个隐藏惊喜。玩家可在 Decentraland 里使用。合作方 Tafi 认为,他们做的是比时尚单品更有意义的事情,后续 Tafi 还会为可口可乐的其他品牌及平台开发数字可穿戴设备。

这些 NFT 都是与可口可乐历史上特殊产品相关的,比如金属夹克的灵感,是来自于可口可乐的旧送货制服;友谊卡的灵感则是 1940 年代的可口可乐游戏卡设计;声音可视化器则是一些标志化的音频:开瓶的声音,气泡发出的声音等;复古冰箱则是仿照了 1956 年老式自动售货机,这些都很好地沉淀了品牌自身的故事,对于可口可乐粉丝来说是无法抵抗的诱惑。

由此可见,打造 NFT 装备这种营销方式的优势在于,游戏可以渗透某个圈层,扩大品牌方的受众范围,并给玩家带来惊喜和特别的体验，除了在已有的游戏中打造品牌装备，自建游戏也是一种可行的方式，正如前文提到的路易威登一样，但也因此需要更大的投入。

品牌选择将NFT融入游戏中，既是希望借助游戏的年轻性与NFT的前沿性吸引更多年轻消费者，表达出品牌的创新精神与创造力，同时也希望通过新生事物不断拓宽品牌边界，创新品牌体验。

3. NFT提高品牌忠诚度

NFT为品牌与社区建立更紧密关系提供了新的机会。品牌可以为其NFT持有者提供优惠，就像购买会员证一样。通过分享相似的价值观向客户提供社会效用，品牌可以建立更忠诚的消费者基础。

2021年10月，麦当劳中国发布了首个NFT作品"巨无霸魔方"，以此来庆祝进入中国内地市场31周年及上海新总部大楼正式启用。麦当劳中国根据服务、包容、诚信、社区和家庭五个价值观，以及热爱、科技和潮流三个关键词，设计了八个立体场景，并将其与新总部大楼形状结合，融合创造出"巨无霸魔方"三维动态数字创意作品[1]。而随后，麦当劳在Twitter推出McRib限量NFT抽奖活动，这也引发了广泛的关注和社交媒体互动。

除了麦当劳，必胜客在加拿大推出了一款"像素画比萨"的NFT艺术品并进行拍卖，受到了用户的广泛关注。后来，每周必胜客都会发布一个新口味比萨的NFT。这不仅通过不断制造热点话题

---

[1] 麦当劳中国. 麦当劳中国发布首个NFT创意作品"巨无霸魔方"[EB/OL]. [2022-03-18]. https://www.mcdonalds.com.cn/news/20211008-mchq-nft/.

博得了关注，还保持了与消费者的高频互动。

印刷媒体行业在 NFT 领域也进行了尝试。许多杂志捕捉到了 NFT 领域提供的金融和营销机会，于 2021 年进入了 NFT 领域。《时代》《财富》等代表性杂志以封面为基础拍卖 NFT，并获得广泛的成功。

《时代》杂志首次设计并发布了非功能性杂志封面，分别是"Is God Dead?"（1966 年 4 月封面）、"Is Truth Dead?"（2017 年 4 月封面）和"Is Fiat Dead?"（2021 年 3 月封面）。这款由 3 部分组成的杂志封面合集通过非功能性游戏市场 SuperRare 总共筹得 43.5 万美元。

《财富》杂志在非金融研究方向上更具冒险精神。它们聘请了 NFT 艺术家 Pplpleasr，在它们看来，Pplpleasr 是一位平面设计师，她的工作定义了去中心化金融运动的面貌。

可以说，这些尝试很好地引领了文化出版行业新潮流。

此外，老学校品牌 Adam Bomb Squad 也在试验 NFT。Adam Bomb Squad 以街头风格以及与迪士尼和百事可乐等公司的多次合作而闻名，该小组以公司吉祥物为主题推出了 25 000 件 NFT 艺术设计系列。每个 NFT 都具有历史意义，都是基于该公司成立至今生产的真实印刷品，甚至是未经裁剪的设计。

4. NFT 营销的要点及优势

精明的品牌和营销人员将认识到 NFT 的力量，特别是当自我身份和表达在数字空间中变得越来越普遍的时候。以下是大家所看重的几个因素。

（1）稀缺性

品牌铸造的 NFT 给消费者带来的收藏价值、升值空间、荣誉等是驱动消费者积极参与以及做好 NFT 营销的关键。通常来说，品牌可以从纪念日、超级单品、限量产品、创始人以及特殊用户故事、历史事件等角度来策划，把握品牌经营过程以及和消费者交互过程中那些特殊时刻、唯一时刻、值得珍藏或炫耀的瞬间。正是由于 NFT 不可复制、独一无二等特征，NFT 能帮助品牌方更好地实现上述目的。

（2）社交性

只有受众的参与，品牌营销才是有意义的事情。NFT 作为一项尖端技术，它重新定义了品牌方营销和与消费者互动的形式，为其带来了更多形式的社交玩法。比如能让核心人群拥有更高的参与度，形成基本社交共识，进而让这些人能够为品牌 NFT 二次宣传。或者通过让消费者参与 NFT 制造环节、免费空投、给予增值权益等形式和方法来打造独特的社交体验。

除此之外，利用 NFT 进行营销多半是虚拟体验，因此无论是环节设置还是体验流程，品牌方都要更加注重与消费者的交互体验，以更好地打造完整且独特的社交体验。

从上述案例中我们可以看到，利用 NFT 进行品牌营销，为品牌方和消费者带来了许多新的体验。

NFT 允许公司重塑营销策略。传统上寻求名人和运动员推广的公司现在正考虑将 NFT 作为一种可行的替代方案。每个 NFT 都具有其独特的信息与价值，可用于更广泛的市场吸引力（例如，来自销售的慈善捐款）。公共关系的价值来自最初的新闻炒作和随后的社区参与。与此同时，NFT 允许品牌方进入数字领域的新市场。比如巴宝莉与游戏开发商合作，进一步提升其品牌知名度。

不仅如此，NFT 为品牌与社区建立更紧密关系提供了新的机会。品牌可以为其 NFT 持有者提供优惠，就像购买会员证一样。通过分享相似的价值观向客户提供社会效用，品牌可以建立更强大的消费者黏性。

品牌出现在各种 NFT 市场可以显著扩大品牌方的受众范围，新闻炒作和社区参与为公司带来更多的关注度，且 NFT 作为一项数字资产，它更快速和更容易的交易方式也能带来更多的受众群体。

第七章

NFT 机遇与挑战

一、NFT 机遇

（一）多因素助推 NFT 发展前景向好

1. 良好的外部环境

从外部环境来看，新冠肺炎疫情的暴发成为 NFT 发展的机遇。一方面，在疫情期间，人们花在网上的时间越来越多，在网上的花费也越来越多，对互联网、区块链的认识也在加深，助推了 NFT 的发展；另一方面，由于西方各国采用宽松的货币政策刺激经济，导致部分投资方案缺乏吸引力，再加上部分投资人激进的投资行为，助推了整个加密货币市场的繁荣。

2. 市场需求繁荣

从市场需求来看，NFT 市场需求不断增高，其原因主要集中在两个方面。一方面，NFT 概念在逐渐普及，人们对其认同感不断加强；另一方面，NFT 由于其复制生成的成本过高，导致 NFT 无法过度扩张。作为存储艺术品或者其他金融资产等现实资产载体的 NFT，相对于 FT 具有极强的货币属性，NFT 既可以作为现实价值的载体，又可以作为依存"共识"存在的虚拟货币，其价值更稳定，应用范围更广，更像硬通货。

3. 相关技术不断提高

受成本影响，NFT 映射的数字内容一般不上链，而是存储在其他中心化系统中，存在内容被篡改和丢失的风险。随着 NFT 热度逐渐升高并为公众所知，NFT 数据量也随之增加，这使人们不得不开始考虑数字资产和数据存储问题。目前，数据网络存储在 IPFS 分布式存储中，在保证自身数据安全的同时大大降低存储 NFT 数据的成本。IPFS 内容存储可以保证 NFT 的安全性和永久存续性，未来元宇宙在 NFT 上的数字资产，应该使用 IPFS 网络上的 Filecoin 技术，其允许用户租用或租赁去中心化的存储空间。

目前，Pinata 推出了一个名为"Submarining"的新功能，可以让用户将 IPFS 文件从公共 IPFS 网络中上传为私有。这种功能允许人们将数据附加到 NFT 中，并规定谁可以基于 NFT 的所有权来查看它。

存储问题对 NFT 的发展至关重要，而随着科技的不断发展，该问题有望得到很好的解决。

4. 各国态度不一，整体处于探索期

自从中国积极推动产业区块链发展以来，各国的政策基本上是

支持的。从国内来看，我国打击虚拟货币的炒作和交易，但鼓励和支持区块链技术的发展，区块链进一步被纳入新基建的范畴。为深入开展区块链创新应用工作，中央网信办等16个部门联合公布国家区块链创新应用试点名单。欧洲各国对区块链及数字货币的态度各有不同，但多数国家对于区块链技术发展持友好态度。英国抱着"监督不监管"的态度，并且为全球区块链初创企业提供了非常优惠的政策。德国看到了加密货币背后的核心技术，并将区块链技术视为有前景的关键技术。美国虽认可区块链技术并鼓励其发展，但是对这种新兴技术一直保持着严谨的监管态度。在技术应用方面，美国把区块链与金融结合作为重点，同时在其他领域也在不断延伸。俄罗斯政府与相关部门对比特币等加密货币的态度依然不算友好，但对区块链的态度越发积极。在亚洲国家中，日本对区块链的态度算是比较开明，但是在监管方面又显得颇为谨慎。印度经济事务部部长也正在制定对加密资产的适当政策。国际范围的区块链军备竞赛，似乎已经正式打响。

5. 不断完善的标准和法律法规

NFT仍处于发展初期，其产品标准仍有很多空白。腾讯一直积极倡导并参与各项行业自律公约、白皮书、行业标准的制定，以促进行业的规范化发展。2022年2月8日，《基于区块链的数字藏品服务技术框架》国际标准项目成功获得立项，这是国际上首个区块链技术在数字藏品领域应用的标准项目。具体来说，该项国际标准将对数字藏品服务的技术架构、技术流程、功能要求和安全要求等进行规范化，有助于推动全球范围内对数字藏品服务的整体技术框架形成认同和共识，提升数字藏品的价值储藏、价值发现和价值流转能力，促进数字藏品的规范化应用。

从法律法规来看，针对NFT的法律和监管处理方式仍在不断发展，且各国之间存在差异。从创作、区块链存证、铸造三个不同的环节，我们可以把NFT艺术品带来的法律问题概括为三个方面，一是NFT艺术品的法律性质问题，二是NFT艺术品区块链存证的法律效力问题，三是NFT数字艺术品的铸造权益问题。我国已经形成了基于电子数据的签名、文件、证据，电子数据基于区块链技术存证、取证、审查和认定的法律体系框架。NFT艺术品本质是一种存储于区块链网络的电子数据。

NFT在中国的发展路径将遵循不同于海外市场的商业模式，中国企业更多是从版权保护方面切入，发挥NFT数字产权证明的功能，强调无币化NFT的探索。非完全去中心化的平台架构加上未完全开放的二手交易市场，意味着目前国内参与方只能分享一级市场的收入，在目前阶段，数字藏品可以视为新一代"潮玩"未来。寻求一个开放二级市场同时能抑制炒作的解决方案是我国NFT行业进一步发展的关键。

（二）NFT链接实体经济与数字经济

NFT非同质化的价值属性，使每一份实物可以在分布式网络和链上信任的支撑下，天然地在虚拟经济中表达其完整的价值存在。

从某种意义上讲，NFT 是一种新型资产的表示工具，是资产数字化的钥匙，也是实体经济与数字经济的桥梁。

1. NFT 链接产品市场与要素市场

现实生活中，微观经济市场由两个主体（家庭和企业）、两个市场（产品市场和要素市场）以及两个流程（实物循环和货币循环）构成，循环流程如图 7.1 所示。而在虚拟经济活动市场中，我们认为也存在要素市场和商品市场，如果虚拟货币如比特币代替了实体经济中的货币参与经济流通的循环，那虚拟商品则像实物资产一样在买家与卖家之间流通。

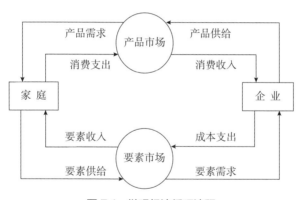

图 7.1 微观经济循环流程

过去我们理解的虚拟商品是游戏道具等，虚拟经济市场和传统市场是割裂的。在未来虚拟世界中，现实世界的实物资产为虚拟产品市场提供生产要素，实物资产需要数字化成数字商品进入数字市场交割管理，而 NFT 作为非同质化通证，具有在去中心化链上存储、不可复制和替代、可追溯、可交易、防篡改等特点，通过向区块链技术添加哈希值（唯一标识符），可以拥有和管理数字领域中以前不被视为资产的无形资产。（举一个简单的例子，未来你购买房产，不再需要去第三方机构进行登记，只需要在区块链上写一个 NFT 合约，它就会自动选择合适的价格、完成支付并完成房屋所有权的转移。）

我们正在经历由信息社会向数字社会的转型阶段，NFT 的出现为数字社会的经济关系提供数字对等物，承载非同质化的价值表达。可以预测，未来 NFT 在产品市场可以作为资产数字化和数字商品的主要载体，在要素市场可以承载数字型要素和生产数据，也可以映射厂房、土地、机械设备、原材料等生产要素。

2. NFT 链接数字商品与实物商品

一般认为，数字资产的来源有两种，一是数字资产化，如比特币、以太坊等纯数字的东西逐渐具备金融价值，特别是数据逐渐作为一种生产要素；二是资产数字化，如房、车、艺术品等传统资产的数字化。而现实中资产存在两个问题：一是类似房产这样的资产交易困难；二是类似权益、IP 这样的无形资产很难被合理定价并顺利达成交易。而这些资产一旦与 NFT 绑定，问题似乎迎刃而解了，一方面，资产流动门槛的降低使流动变得更加容易；另一方面，人类所拥有的资产空间和类型会呈指数级增长。

从技术上来讲，NFT 是一种基于区块链技术和智能合约创造的数字化凭证，因此可以用来标记特定资产的所有权。想象一下未来可能会出现这样的场景：你购买一套房子，不需要到相关机构进行所有权转让，只需要在区块链上写一个 NFT 合约，它就会自动收钱，自动在不同银行间选择合适的利率，完成房屋所有权的转移。NFT 非同质化的价值属性，使每一份资产可以在分布式网络和链上信任的支撑下，天然地表达其独有和完整的价值存在，其流转也更为顺畅，某种意义上讲，NFT 代表了一种数字化价值的未来。比如 NFT 抵押贷款，区别于传统银行业的贷款发放需要一系列的验证、信用考核以及价值评估，NFT 的抵押贷款可以进行快速的贷款，放款速度、验证效率也在区块链的海量数据之下更为快捷。

特斯拉创始人埃隆·马斯克的母亲梅耶·马斯克（Maye Musk）在接受采访时表示，尽管 NFT 市场还处于早期阶段，但它为全球内容创作者提供了无限的机会，它是真正的数字化、全球性、可追踪资产[1]。

一个大部分人都可以接受的观点是任何记录在纸上的东西都可以转换成数字代码，比如，房子有产权或契据、车辆有所有权转让书和登记证，这些都是我们生活中有价值的东西的书面代表。然而，我们也发现，从汽车、船只到房屋，不同地区的登记方式和标准存在差异，同时纸质文件可能丢失、毁坏或被盗，当前的数字版本的信息，包括任何物理资产的数字表示，如所有权证书等，存储的效率低且存在安全隐患。区块链和 NFT 的出现，改变了当前财富和信息在存储、转移中存在的问题。

NFT 可以与现实世界中任何有价值的东西进行链接。想象一

---

[1] 梅耶·马斯克. NFT 是真正的数字化、全球性、可追踪资产［Z/OL］.（2021-06-24）. https://www.8btc.com/article/6652924.

下，未来你使用或拥有的所有东西，比如纸契代表的房子、金属牌照、纸或数字登记的车辆都可以用NFT来表示。NFT将记录房产的完整历史，并且消除房地产交易过程中的许多成本，NFT将记录包裹号、财产的限制和财产的结构、所有权报告和地役权。"NFT+房地产"还可以简化房产交易流程，使整个房屋销售过程可以由更少的第三方完成。NFT将从卖方的钱包转移到经纪人的钱包，经纪人是一个受信任的第三方，经纪人将与房地产中介和卖方合作。一旦找到买家，经纪人和房地产中介将起草合同，并征得各方同意，将买方资金发送给卖方，代表房屋所有权的NFT证书将被发送给买方。房屋检查和评估仍将是必要的，但许多通常与房地产交易相关的额外费用将不再需要。这些行业提供的信息或行业安全将被区块链所取代。

NFT赋予了事物独特性，进而产生了艺术价值和交易价值。NFT仍处于发展早期，其所包含的范围不一定是昂贵的稀有商品，不一定是目前为人们所熟悉的收藏品、游戏、艺术品，虚拟资产、现实资产、身份等都可以实现NFT应用。毫不夸张地说，"万物皆可NFT。"换句话说，只要准确描述物体的性质和信息，并把这些属性信息打包成一串数据，就可以在区块链开发平台内铸造一个与之相关联的NFT代币。

举一个简单的例子：NFT门票。

2020年欧洲足球锦标赛超过2万张门票是以NFT形式进入消费者的电子钱包，并且可以自由转让。门票用改进版的ERC-721标准和TokenScript标准描述语言，并在以太坊上发行。每一张

NFT门票本质是一枚在区块链网络上生成的非同质化通证，因此NFT门票具有可扩展性、可移植性、可操作性，能够帮助创造一个无摩擦市场，即市场是开放和高效的，交易时不需要一个中心化的可信第三方进行担保，任何人在任何地方都可以参与进来，且一手交钱一手交货。

2021年5月，在NBA黄蜂对阵快船的比赛中，黄蜂队以单价4.99美元的价格售出了88张NFT球票，黄蜂队的老板表示："之前很多球迷都会把票根留下，作为对某次比赛或者演出会的收藏和记录。现在我们只是将它数字化了，它们永远都不会被弄丢或损毁。"

这是继互联网带来电子门票后，区块链带来了NFT门票，真正把区块链带到普通人的日常生活。如果说区块链是对传统互联网的渗透和蚕食，那么NFT的出现给了区块链攻城略地的突破口和机会。

总之，NFT可以更便宜、更快、更安全地转移个人的信息和财富，移动或存储数字信息和财富的个人和行业将从NFT发展中受益。

3. NFT是资产数字化的必由之路

安永区块链负责人保罗·布鲁迪（Paul Brody）认为，NFT是有史以来最强大的工具之一且能充分利用稀缺资源[1]。

资源稀缺是人类社会发展过程中不得不面对的问题，而NFT

---

[1] 中金网. 为什么NFT是数字化必不可少的基础架构［Z/OL］.（2021-04-01）. http://gold.cngold.com.cn/20210401d11141n350547220.html.

作为目前最强大的数字化工具，可以使现有资源得到充分利用。

目前，NFT仍处于风口期，其应用场景有待拓宽。目前NFT主要是在收藏领域、游戏领域和艺术品领域较为火爆，但其流动性和使用率都较低。数字艺术世界是现实世界的投射，无论收藏品市场如何发展，NFT都是必不可少的经济基础设施。在现实生活中，土地等关键资源的供应是有限的，NFT有助于有限的资源和资产充分发挥作用[1]。一旦将有限的资源数字化，就可以以极高的效率管理、转移和使用该资源。例如安永指出，NFT是代表业务流程输入和输出的关键机制，将订单或发票转化为NFT意味着其可以在线交易，进而加速数字支付，所以NFT或许将成为管理高价值资产的数字表现形式的关键机制。

未来NFT将承载更加丰富的资产价值，在区块链生态中扮演不可替代的角色。随着NFT应用场景的不断拓宽，例如结合VR、AR领域布局区块链，进而形成全面的产业链。另外，NFT与分布存储体系仍有巨大的结合空间，NFT实现权益的数字化和价值的流转，分布式存储体系则实现数字标的文件的永续保存，确保不会出现"有权益、无标的"的局面。在全球数字化转型的背景下，大量新兴资产通过NFT实现资产上链与链上确权，资产上链也将成为数字经济转型的关键基石，并成为很多行业实现数字经济转型的关键动力。

---

[1] 中金网. 为什么NFT是数字化必不可少的基础架构［Z/OL］.（2021-04-01）. http://gold.cngold.com.cn/20210401d11141n350547220.html.

（三）NFT 激荡数字经济

1. NFT 推动数字经济循环

即将来临的数字化社会中，市场仍然由要素市场和产品市场组成，主体为个人、家庭和企业。产品市场包括数字商品和非数字商品，生产要素也包括有形生产要素和数字要素，非数字商品和有形生产要素可以通过 NFT 在去中心化的平台链上确权，企业将会被数字平台所代替，扩展了企业的边界，而智能合约和去中心化技术的出现大大降低了交易成本。市场的流动有两个循环，一是数字货币的循环，二是数字商品和要素的循环，NFT 承载的要素和产品的流动方向与货币流向相反，且可以跨平台和多路径流动，打通了消费侧和供给侧，促进资源的优化配置。

在现实生活中，我们的商品是实体的，商品价值总量就是生产一定数量的商品所耗费的总计社会必要劳动时间，商品的价格由价值决定并且受供求关系影响。换句话说，商品的生产是有成本的且其价格非零。在虚拟世界中，数字资产的复制成本非常低，当你创造出一幅画、一行文字时，别人可以随意且以极低甚至忽略不计的成本复制你的劳动成果，当成本为零时，一方面市场的供给无限，另一方面生产者的劳动成果无法得到保障，创作者的热情将受挫。NFT 的出现，解决了这个问题。区块链具有最高的信用等级，NFT 与区块链结合，确定了数字资产的产权，满足了用户快速的内容消费需求，维持了创作者的热情，促进市场的供给，推动了数字市场的交易。换句话说，如果链是虚拟经济世界的血管，那么 NFT 就是区块链经济的血液,激荡了整个数字经济。

2. NFT 推动数字资产交易

经济活动的繁荣离不开交易,而一笔交易包含两个部分:一是货币的流转,数字货币解决了虚拟经济中货币流转问题,二是产权转让,NFT 通过数字确权,解决产权转让问题。

区块链的发展和数字货币的兴起为货币循环提供保障,而商品的流通不可避免要面临两个问题:一是市场的供给与需求,二是交易中所有权的转移。根据 nonfungible 发布的一份报告显示[①],2018—2020 年全球 NFT 交易量增长了 8 倍,2020 年其市场规模超过 3.38 亿美元,于 2021 年第二季度交易量突破 7 亿美元,NFT 买家的增长数量超过了卖家的增长数量。用户对 NFT 的热情极大地推动了产品的需求。需注意的是健康且持续的市场繁荣,需要维持创作者的热情,以保证市场的供给。

NFT 四个主要特征促进虚拟世界市场繁荣,提高市场运行效率。比如碳交易,NFT 可以被用作记录碳排放量,通过区块链和 NFT 来明确产权,通过智能合约自动化交易来降低成本。同时,以碎片化 NFT 创建的二级市场让买卖双方进出货更加容易,进一步提升了交易流动性。[②]

---

① 参见 https://nonfungible.com/reports。
② Jihye Choi. Fueling the Path toward the Metaverse [J]. Stanford Journal of Blockchain Law & Policy. 2021.

3. NFT 推动资源最优配置

现实生活中所有权的转移往往需要在市场的监管下,或者需要经过第三方机构进行,这自然就产生了两个问题:一是效率问题,二是信息不对称问题。

NFT 并不是将数字资产置于平台运营商的控制之下,而是将资产所有权赋予代币持有者。换句话说,在 NFT 中,所有的数字资产都存储在区块链中,即使生态和市场环境变化,用户也可以管理数字资产的交易和运输。用户可以在去中心化的平台上使用智能合约直接进行点对点的交易和拍卖,极大地提高了交易效率。随着技术进步和智能合约的优化,相信未来卖方能在交易中使其收益最大化,买方也能获得最优的市场估价,市场的透明性和公平性将进一步提升,NFT 交易的流动性问题也能够得到很好的解决。

NFT 还有助于解决信息不对称和隐私权问题。帕累托最优是指一种理想的资源分配状态,即在没有使任何人境况变坏的前提下,将一种分配状态变为另一种分配状态,使至少一个人变得更好。例如,在互联网时代,我们把自己的隐私权交给第三方机构。互联网企业收集用户的隐私数据改进其自身的算法,向用户推荐更多有效选择,最后希望达到社会资源效率最大化的结果,也就是达到帕累托改进或者帕累托最优。NFT 可以使个人创造的有价物在确权上绕开中心化的法定机构,其价格迎合朋克思维的自由制定,同时 NFT 采用 ECR-721 标准有助于解决数据隐私权归属问题。区块链不仅是在一个安全的网络上转移金钱或财富的手段,也是一种在代码级别安全地转移信息的方式。在区块链中,智能合约最终代替企业成为市场的代表，区块链的加密去中心化使每一位用户个体作为节点在网络中参与，通过数字货币交换价值，用智能合约让市场效率最高。这也就意味着网络的边际成本无限趋向于零，而边际效益最大化。所以在区块链中，用户拥有自己的隐私行为数据时，市场将形成帕累托最优解。

科斯第一定理指出，只要产权明确且交易成本为零或者很小时，无论财产权在最开始赋予谁，市场均衡的最终结果都是有效率的，进而实现了资源配置的帕累托最优。一旦考虑交易成本，产权的初始界定对于经济运行的效率就会产生十分重要的影响。NFT是根据ECR-721标准发行非同质化代币，具有唯一性、可溯源等特征，可以表示数字资产的唯一归属权，相当于"数字化证书"。日常生活中我们对物品的所有权是需要一个共同的机制或需要经过第三方平台来公证的，而NFT持有者对其所有权是脱离了第三方平台，在NFT创建之初就由代币确定（简单理解为一串代码或数字格式）。特别在数字世界中，区块链具有极高的信用，即"代码即法律"（code is law）。当你购买NFT时，代币的所有权记录在不可更改、不可逆转的分布式账本中，你不必担心存储、流通、丢失、盗窃、运输等问题。可以预见，未来NFT的边界将不断扩展，产权的明确使市场无须干预，可以自发调节到最优。

NFT不仅是艺术，更像一种商品，一种数字资产，可以与音乐、收藏品、体育、票务等结合，也可以创造现实世界没有的数字产品，万物都可以NFT。同时，NFT为创造者提供了一个新的世界，允许多用户基于某一平台或同一社区共同创作，即"创作者经济"。

NFT 使任何人都可以更容易地发行和交易数字资产，为数字经济市场增添新的活力。

二、NFT 挑战

（一）金融问题

1. 洗钱

实物艺术品用于犯罪金钱交易由来已久，古代就有"雅贿"之谓。洗钱是犯罪交易中的重点领域，有专家在研究中采访了很多银行家与官员，他们发现，在样本中，65.5% 的合规官员在过去三年中遇到过由洗钱问题引发的案件。其中 75% 的受访者遇到了 1—20 例；10% 的受访者遇到了 21—40 例；2% 的受访者面临 41—60 次洗钱，6% 的受访者遇到了 61—80 次，7% 的受访者遇到了超过 80 次。此外，69.4% 的受访者表示，潜在的洗钱案件已通过电子风险系统引起了他们的注意；71.4% 的受访者表示他们通过内部报告确认了洗钱行为；65.3% 的受访者表示他们收到了外部提示；19.4% 的受访者表示，他们已通过媒体报道、数据库或在线研究等其他途径发现潜在的洗钱案件。[1]

---

[1] Fabian Maximilian Johannes Teichmann, Marie-Christin Falker. Journal of Money Laundering Control[J]. London, 2020, 23（4）：805-818.

虽然区块链技术的应用场景不断增多，并且有如数字人民币这样让人值得欣喜的用例，但是它常常被作为犯罪手段。如在中国发生的以比特币支付赎金的勒索病毒，令人记忆深刻。加密货币转移无须金融服务提供商，其本身容易被用冷存储这样的去中心化方式隐藏。这道"阴霾"如今也不可避免地让它的重要衍生品NFT"沾染"上了。美国财政部在《通过艺术品交易开展洗钱和恐怖融资的研究》中，将NFT归类于新兴在线艺术品市场，并指出该市场可能会带来新的风险。

（1）NFT及区块链技术洗钱现状

自从第一个加密货币比特币于2008年发明以来，法律专家一直批评其在涉嫌促进犯罪活动方面的作用。尽管区块链是一个完全公开的永久账本，从理念上来讲其交易应该是高度透明的，然而加密货币高度适合金融犯罪的主要原因有三个方面。

第一，虽然交易透明，但是交易双方本身的匿名性相当强，就算公开了资金流向也不知道交易双方的身份。在如今巨大的加密货币市场中，数额巨大的交易比比皆是，难以查清交易双方的身份。甚至NFT市场上，因为多次交易的NFT可以为原始拥有者提供一定收入，还有专门的卖家进行洗售交易（wash sale）以创造该商品交易频繁的虚假繁荣。虽然这种交易本身与洗钱似乎关系不大，但是这样的交易导致了交易量的增加，有可能使洗钱难以被追踪。

第二，正是因为NFT的公开性与去中心化，谁都可以使用，同时一旦交易完成无法撤回，因此政府机关难以阻止区块链公网上资金的流通。澎湃新闻①指出，在这一点上 NFT 具有和现金一样的能力，其转让无须背书，交易也和现金一样，交易双方只要确认无记名证券的真实性，就能完成交易并交割证券，并无须第三方受信任机构协助。在完成清算和交收后，无记名证券交易过程即告结束。

第三，国际上法律的不统一造成了少数国家允许加密货币的流通。促进加密货币流通可以增加国家的曝光率以及收入，甚至逃脱国际制裁，这使加密货币在许多既不正式允许也不禁止数字货币的司法管辖区继续占据合法的灰色地带，甚至实际上在禁止或限制加密货币的司法管辖区经常看到此类交易发生。

购买实体艺术品的有效性是有限的，因为实体艺术品的运输和储存既困难又昂贵。而 NFT 的交易双方匿名，单个代币交易有时候也会如实体艺术品中一样巨大。NFT 能够通过虚拟合同，提供艺术品的实际所有权，它们将提供购买实体艺术品的好处。交易方不用实际移动艺术品或支付运输服务相关的费用，比如保险、运输成本或关税。数字艺术品能够通过互联网转移，而无须担心地理距离和跨国境。②

现实中的不法收益可能是以现金的形式存在，但是带着现金参与线下拍卖很不现实（1 000 万人民币重 150 千克）。而在虚拟世界里，可以将一件昂贵艺术品的权利代币化，而同时数字艺术作品拍卖的参与者显示为一个匿名的公钥地址。代表艺术品的代币可以合

---

①② 澎湃新闻. 警示 NFT 或被用于洗钱 美国财政部指出了哪些漏洞 [Z/OL]. [2022-02-11]. http://collection.sina.com.cn/plfx/2022-02-11/doc-ikyakumy5347417.shtml.

法地转让给买家。收到代币后,艺术品的所有权转移给买方。这期间除了一定的储存问题,价值也得到了转移。然后,NFT 将被出售给一名不知情的个人,罪犯将从后者与犯罪无关的干净资金中获利。①

(2)各国政府地区措施

与反洗钱法相关的金融行动特别工作组(Financial Action Task Force on Money Laundering,FATF)已经认识到 NFT 可能为洗钱或恐怖主义融资创造机会,并呼吁进一步监管,因此我们很可能会看到这一领域的国际发展。欧美国家的相关立法比较领先。

① 欧盟

一般而言,在欧洲和英国是由欧盟出台的欧盟第五项反洗钱指令(AMLD5)进行指导,虽然 AMLD5 没有定义或明确提到 NFT,也没有提供艺术品的定义。由于 NFT 与传统艺术品市场在洗钱和恐怖融资方面具有一定的风险因素,包括价格波动、买卖双方匿名等,监管机构有时将 NFT 视为艺术品,有时甚至直接将其视作金融工具。那么根据本指令,NFT 的销售会受到反洗钱的限制。

德国实施的 AMLD5 将加密资产定义为德国《信贷法》(Kreditwesengesetz,KWG)含义内的金融工具。根据德国《信贷法》,加密资产是指"不由中央银行或公共机构发行或担保,不具有货币或金钱的法律地位,但被自然人或法人作为一种手段接受的价值的数

---

① Teichmann, F & Falker, M. Terrorist Financing via Money Transfer Systems [J]. European Journal of Crime, Criminal Law and Criminal Justice, 2021, 29 (2): 103–126.

字表示形式。交换、支付或可用于投资目的并可以电子方式转移、存储和交易"。由于 NFT 可以用于投资，因此有充分的理由认为 NFT 可能有资格成为加密资产，即 NFT 可以作为 KWG 下的金融工具。卢森堡、荷兰等国家也基本如此。英国则步调尚且不十分一致，还在进行相关的调研。

在 AMLD5 实施上更进一步的欧洲国家，比如意大利将虚拟货币的定义为"价值的数字表示"，它不是由中央银行或公共机构发行的，也不一定与法定货币相关，它被用作购买商品或服务的交换工具，并通过电子方式转移、存储和交易。原则上，NFT 可能属于此类定义的范围并触发 AML 义务。

② 美国

美国的金融犯罪执法网络（US Financial Crimes Enforcement Network，FinCEN）和法院尚未发布关于 NFT 的具体指导。从美国反洗钱的角度来看，NFT 是否可以被定性为美国法律下的交换媒介并最终成为可兑换的虚拟货币，目前尚不完全清楚。但是，情况可能会发生变化——某些 NFT 交易活跃并具有可以轻松转换为货币的既定价值，比如说分割化 NFT。对于促进 NFT 交易但也从事其他受既定监管的活动中介来说，这种论点可能没有那么有力。不过，美国《2020 年反洗钱法案》（The Anti-Money Laundering Act of 2020）中包含的《银行保密法》（Bank Secrecy Act，BSA）最近修改了部分规定，所有从事"货币、资金或替代货币"的交换或传输的中介企业都需受到金融机构反洗钱的监管。这也意味着从事 NFT 相关交易的中介有可能需要反洗钱监管。

美国联邦监管机构还可以将管理古物或艺术品交易的反洗钱法规解释为适用于NFT。《2020年反洗钱法案》修订了《银行保密法》对金融机构的定义，将从事古董交易的人员包括在内，并指示FinCEN颁布实施条例。《2020年反洗钱法案》还指示财政部和其他机构对艺术品交易中的洗钱活动进行研究，并于2022年1月向国会报告，以告知是否将反洗钱监管要求扩大至艺术品经销商的辩论。

《美国制裁法》（Countering America's Adversaries Through Sanctions Act）也可能与NFT的发行、购买和销售有关。NFT交易可以在位于世界任何地方的交易对手之间发生。因此，在NFT中进行交易的美国和某些非美国人，尤其是NFT交易商，应确保遵守美国外国资产控制办公室颁布的禁止与某些人进行商业交易的规定，因为任何价值的NFT都可能被用来逃避美国制裁。

③ 中国

与加密货币和加密资产相关的活动在中国受到严格监管和审查。尽管缺乏统一的监管框架，但有关加密资产的规则分散在中国金融监管机构以及自律组织发布的临时通知中。该领域的里程碑式法规是2017年9月由中国7家政府机构（包括中国中央银行、中国人民银行）发布的《关于防范与首次代币发行（ICO）相关的风险的通知（2017年）》（简称《通知》）。《通知》标志着对加密资产前所未有的监管打击，这种打击将在实践中一直持续下去。自2017年以来，我们可以看到相关金融监管机构对加密活动采取了监督和执法行动。

2021年5月，中国互联网金融协会、中国银行业协会和中国支付清算协会发表联合声明，重申《通知》中的立场，即其会员机构，包括银行和支付公司，不得提供任何中国的加密货币相关服务。该声明还规定了进一步的具体限制和风险警报，包括围绕加密货币交换、投资和交易。

货币或加密资产没有明确的定义，NFT是否符合条件可能需要"实质重于形式"的分析。如果创建NFT是为了筹款，相关的监管风险会很高。在评估与任何NFT相关的潜在风险时，可能的发行后活动也可能是相关的。所以，加密资产在中国流通面临着相当大的困难。

2.恐怖主义融资

据美国财政部发布的《通过艺术品交易开展洗钱和恐怖融资的研究》(Study of the Facilitation of Money Laundering and Terror Finance Through the Trade in Works of Art)所述，恐怖主义融资和高价值艺术之间联系的证据有限。这可能是由于高价值艺术品市场与恐怖组织最活跃的地区在地理位置上的脱节。艾哈迈德是涉及恐怖主义融资和高价值艺术联系的少数已知案例之一。高价值艺术品通常不来自恐怖组织控制的地区或恐怖组织活跃的地区，这些物品的贸易和融资也通常不在这些地点附近。在这些动乱区域中，高价值艺术品的销售或转让对买家、卖家和经销商来说相当危险。此外，恐怖分子和金融家可能有比通过艺术品市场更容易、更快、风险更低的转移资金的方式，因为艺术品市场距离他们占有的领土较远，且在艺品市场进行交易所需的时间相对较长。由于缺乏证据表明高价值艺术品曾被用于资助恐怖活动，且存在明显的结构性困难，美国财政部评估，目前高价值艺术品市场是恐怖主义融资中风险较低的领域。

显然，NFT能够打破传统艺术品交易的地理限制，并为艺术品所有权转让带来一种更便捷、更低风险的交易方式。因此，鉴于NFT对恐怖主义融资潜在的促进作用，应该警惕NFT数字艺术用于恐怖主义融资的趋势。

3. 价格波动

如今NFT价格涨跌频繁并且屡创新高，天价收藏品不断拨动着买家和看客的神经。惊叹之余，市场也普遍认为当前NFT作品交易中存在巨大的泡沫，这是对NFT估值不当导致的。目前，NFT仍然缺少成熟的估值体系，这可能会带来极大的风险。例如，NFT底层价值难以确认，估值体系待确定，NFT价格大幅波动，从而影响NFT的交易活跃程度。这并非空穴来风，NFT资产的估值和流动性一直是被市场质疑的理由，就像传统艺术品一样，NFT这种独一无二、大量依靠人为炒作的加密艺术品的价格难有定准。在安全性方面，NFT的交易流转涉及公链和多个交易平台，涉及智能合约的流程相对较多，一旦出现危机，就容易导致相关项目代币价格紊乱，这也加剧了市场看淡倾向。

目前对于NFT价值的评定仍然主要依赖其所具备特征的稀缺性。具有的特征越稀少，其价值就越高。然而稀有性具有不确定性，它可以从个人偏好中获得。通过干扰趋势和对价值归属的评定,社区也能在几个月内捧红一些附带低等级特征的NFT。个人和影响力同样可以发挥关键作用,以Crypto Skulls为例,它早在2017年就已经发行,一直反响平平,直到最近,在YouTube大V GaryVee的炒作下,该藏品被认为具有与Crypto Punks相同的文化意义,销量直线上升,地板价在24小时就超过了4 ETH。

从供需关系上看,如今的NFT市场已经形成了一套完整的炒作套路。由于NFT市场缺乏深度且无做空机制,经常会有资本针对热门稀有NFT进行扫货,而后抬高价格卖出,炒作需求超过收藏需求。与之相对的则是NFT的热潮一浪高过一浪,众多投资者不断涌入市场。由于NFT流动性相对较低,且加密艺术品实际需要一定鉴赏能力和社区支持,很多投资者只是盲目投机,并无稳定收入和化解风险的能力。一旦市场热度降低、跟风炒作的现象逐步冷却,手中持有的NFT资产价值也会跟着大打折扣,在一些创造性较强的NFT领域更是面临着全面崩盘的风险。究其根源,有限的入场资金与无限创造的NFT艺术作品存在深刻矛盾。那些热门的NFT头像可以被轻松地仿制画出甚至用程序生成,只要市场有动力,它就可以源源不绝地出现。但这一类NFT的入场资金由于缺少散户,枯竭速度会远快于一般资金盘。于是,作为非同质化代币,一旦发生崩盘,NFT的流动性会瞬间归零,价值上百美元的以太币作品顷刻间变成一纸空文。当各种类型的NFT屡创天价时,因炒作带来的价格偏离让NFT交易如同击鼓传花,选择在热潮时入场,可能会不幸接到最后一棒[①]。

当然,随着市场的发展以及人们对 NFT 认知的加深,泡沫会逐渐变小。当人们对 NFT 价值的期望逐渐趋于稳定,市场风险进一步降低,将会有更多的人加入 NFT 市场,增加市场的流动性,带来市场的繁荣。但鉴于台面上的高赌注性,很难估计几年后的 NFT 市场会是什么样,上周流行的东西可能在下周迅速落伍。因此,在归属价值方面,投机与实用一样重要。

(二)技术缺陷

1. 高昂手续费

NFT 利用平台进行交易会产生一定手续费。NFT 交易时产生的手续费共有三种。一是 Gas 费。它是将文件铸造为 NFT 时所需要成本,是为换取使用相应的区块链技术而支付的金额。二是交易手续费。这是支付给交易平台的使用费。每个交易平台的手续费征收比率都不同。世界上最大的 NFT 交易所 OpenSea 收取 2.5% 的销售手续费。三是创作者设定的追加手续费,这是每个 NFT 的初始创作者设定的金额。每当作品进行交易转卖时,都会向初始创作者支付所设定的那部分手续费。这三种费用中,最昂贵的是 Gas 费。在以太坊等最著名的区块链上,Gas 费通常高达 50 美元,与其他区块链相比相当高,这个价格让艺术家和创作者望而却步。为什么

[①] 王君晖. NFT 作品频现天价 估值流动性监管三大难题待解 [Z/OL].(2022-02-10). https://baijiahao.baidu.com/s?id=1696763230808004912&wfr=spider&for=pc.

Gas费如此之高？原因在于交易的中间人——"矿工"。"矿工"充当交易发生时的验证者，同时发挥安全功能，阻止人们向网络发送垃圾邮件。与传统的中间人不同，"矿工"不收取固定费用，而是在供需基础上工作。Gas费等于最高费用乘最低费用加小费。最高费用即一个人愿意为交易支付的上限，由用户自己设置。但最高费用要符合每种类型的交易的最低限额。一旦最高费用不符合交易最低限额，或许是无意间运行到了一个无效的合约，不仅交易无法完成，而且用户支付的Gas费也将无法退还，这也将导致消耗一部分的Gas费。而且最低费用通常会根据当时的网络活动进行调整。小费也称为"优先费用"，是向"矿工"支付的额外费用，有助于推动交易，小费更容易得到"矿工"的青睐。这意味着当网络因大量用户涌入而产生拥堵时，"矿工"将首先执行报价最高的订单，然后逐级递减。因此用户就不得不选择支付更多的费用来加快交易速度。然而用户不知道别人的出价，这就使Gas费被想要尽快交易的用户盲目推高。此外，以太坊受低吞吐量的影响，每秒只能执行13—15笔交易。除平台损失的订单量，交易速度对交易成本本身也有着巨大影响。如果区块链的吞吐量较低，用户必须支付"矿工"征收的更高费用，以确保他们的交易速度优先于其他交易。

长期以来，以太坊手续费过高和NFT市场增长的需求间存在矛盾。毕竟，并非所有NFT都以高昂的价格出售。相反，绝大多数可用的NFT相对便宜，主要受众为普通用户。对于虚拟投资者，特别是普通用户来说，他们对交易所征收的手续费非常敏感。因此，相对较低的交易成本对于更广泛地采用NFT至关重要，用户甚至宁可选择更低费用的交易所。这将会导致以太坊的用户流失，更进一步会抑制整个NFT市场的发展。

对此，人们已经研究出了多种解决方案，包括升级以太坊2.0、Layer 2和EIP-1559等①。虽然这三种解决方案已经朝着正确方向迈进，但仍然存在一些问题，例如，尚未完全解决Gas价格的问题。

2. 存储数据丢失

NFT的核心价值是它所代表的东西。该项目可以是艺术品的图像、ETH域名等。因此，如果该项目从网络上消失了，NFT将失去其价值。这并不是一个新现象，许多NFT项目都容易受到这种风险的影响。

NFT数据有两类存储形式：中心化和去中心化。区块链是一个去中心化的账本，由密码学提供支持，并为数字资产的存在打开了大门。尽管区块链和数字资产从根本上都是去中心化的，但NFT的情况与ERC-20之类的情况略有不同。

NFT的智能合约铸造的是ERC-721代币。每一枚NFT都提供唯一的URI，就像是NFT的一个ID号码，它指向存储NFT数据的位置并映射上链。通常，NFT数据是否指向去中心化数据库是由开发者决定的，他们既可以选择中心化也可以选择去中心化的数据库。尽管NFT从根本上是去中心化的，但它的URI可能指向中心化的数据库。这就意味着NFT仍然存在一些中心化的风险。存储资产

---

① BitsCrush. A Comprehensive Guide to NFT Gas Fee 2022［Z/OL］.（2022-02-10）. https://bitscrunch.com/blogs/nft-gas-fees.

（图像，视频，音频）的文件可能相当大，大多数开发人员会将该资产链下存储。这意味着实际的资产不存储在区块链上，NFT实际上只是引用了托管在其他服务上的文件。这样做的问题是，如果该服务提供商倒闭，或者原始的NFT市场倒闭，链上资产和链下资产实现脱钩，那么NFT背后的实际资产将会丢失。

当然从技术上讲，也可以在区块链上存储NFT的元数据，这些NFT被称为"链上NFT"。NFT的URI存储在中心化的API上，但图像也被硬编码在链上以供备份。这样NFT的图像不会受到损坏，并且是永久性的，但这种存储方法往往价格昂贵。

现在又有了一些新的方法，即IPFS技术，是一种去中心化的存储网络。它基于点对点的网络存储数据。就像NFT的URI一样，里面的每个文件都有一个唯一的地址，并分布在网络之中。一个图像存储在IPFS上后，它就不能再被改变。因此，它不受中心化攻击和腐蚀的影响[1]。此解决方案在那些NFT艺术和可收集收藏品的用例中最为常见，因为它们的元数据不是动态的，且不需要进行更改。但是，此解决方案不能拓展到诸如Axie Infinity的数字资产游戏中。这些游戏类的NFT资产具有动态特性，使开发人员几乎不可能以去中心化的方式存储数据，否则成本极高。

目前来说，Axie Infinity、CryptoKitties等很多NFT映射的数字内容依然存储在中心化系统中，存在内容资源丢失或被篡改的风险。现在大家正不断开发解决方案，以及压缩资产的技术，以便数字内

---

[1] 中国IT研究中心.橙希云研报：分布式存储或是目前最可靠的NFT数据存储方式[Z/OL].（2022-02-10）.http://www.cnit-research.com/content/2021 12/46356.html.

容实际上可以直接存在于区块链上。但是，在以低成本的方式真正实现资产永久储存之前，还有很长的一段路要走。

3. 能源消耗巨大

NFT消耗的能源量取决于它在哪个区块链进行交易验证。对于使用工作量证明机制的以太坊，这需要大量的电力。对于在不同区块链上铸造的NFT、具有权益证明机制的区块链上的NFT通常使用更少的能源。需要了解的是高能耗往往不是制造NFT的问题，而是以太坊用来验证交易所使用的PoW共识算法的问题。

那么NFT到底消耗多少能源呢？Memo Akten团队从NFT平台SuperRare收集了8 000笔交易数据，他们聚焦于围绕NFT的各项市场行为，并算出了各项能源消耗的平均值[1]：

铸造（创造）：142 kW·h，83 KgCO$_2$

投标：41 kW·h，24 KgCO$_2$

取消投标：12 kW·h，7 KgCO$_2$

销售：87 kW·h，51 KgCO$_2$

所有权转让：52 kW·h，30 KgCO$_2$

现今的NFT交易大都基于以太坊。从nftexplained.info团队获悉，一笔以太坊交易大约需要48.14kW·h的能源，相当于一个美国家庭1.5天的用电量。据该团队的分析师估算，平均每个NFT在它的生命周期内（即把所有交易估算在内）要消耗75kW·h的能

---

[1] Andy Storey. How Much Energy does it Take to Make an NFT [Z/OL].(2022-01-11). https://postergrind.com/how-much-energy-does-it-take-to-make-an-nft/.

源,相当于一个美国家庭2.5天的用电量[①]。

图7.2 以太坊能源消耗指数

资料来源:Digiconomist. https://digiconomist.net/ethereum-energy-consumption。

而Memo Akten团队得到的数字甚至更大。他们认为从单一NFT中发出的所有交易平均总共需要消耗340kW·h的能源[②]。他们还发现,一些NFT的总耗能极高,如一位艺术家发行的两个NFT,据估计使用了超过175 MW·h的电力,造成的碳排放相当于一个美国家庭21年的碳排放总量。

如此巨大的能源消耗也造成了一些人的担忧。例如法国数字艺

---

① NFTEXPLINED.INFO. How Much Energy Does An NFT Use[Z/OL].[2021-03-18]. https://nftexplained.info/how-much-energy-does-an-nft-use/.

② Andy Storey. How Much Energy does it Take to Make an NFT[Z/OL].(2022-01-11). https://postergrind.com/how-much-energy-does-it-take-to-make-an-nft/.

术家乔尼·勒梅西埃（Joanie Lemercier）在计算了相关的能源成本后，取消了6件作品的销售。因为他发现此次预计仅用时10秒的拍卖，其需要耗费的能源足以为这位艺术家的整个工作室供电两年。

4. 潜在解决方案

（1）价值意义

首先，Layer2解决以太坊的拥堵问题，为NFT提供更大的组合性。

整个NFT生态自上而下分为三层：第一层是以基础设施作为最底层来为整个生态搭建地基；第二层是各类的NFT项目，这些项目会根据自身的特色来铸造NFT作品；第三层是各大交易平台和Layer2的聚合器解决方案，其中交易所为这些NFT作品提供交易地点，提高作品的流动性，而聚合器将为各个项目、交易所引流，吸引用户、投机者和收藏家进入NFT的市场。由于以太坊自身的拥堵性，目前基于以太坊的NFT项目流动性较差，一定程度上阻碍了NFT的发展，通过扩容和提速，Layer2不仅能大大改善以太坊的拥堵情况，而且能提高NFT项目的可扩展性，为NFT赛道赋予更大的发展空间。

其次，Layer2跨链聚合器为各NFT公链增加价值，聚焦于Layer2解决方案的聚合器可以将DeFi系统里的大量用户带到优秀的NFT项目中，带来价值，甚至能让优秀的项目出圈。

目前，市场上大多数优质的NFT项目不是在以太坊上开发的，而是基于自身的公链搭建的，这就造成了传输成本高昂的问题，进而使用户的交易活动大多数限制于自身的公链,难以链接到以太坊上巨大的存量用户。例如,关注度较高的 NBA Top Shot 搭建在 Flow 公链,Rarible 也搭建在自己的公链。而 Layer2 上线后的发展趋势之一便是 NFT 项目自己的公链与以太坊的链接,减少传输成本,促进用户互相倒流,让优秀的 NFT 项目出圈。目前,Polygon 已经开始关注发展 Layer2 网络解决方案聚合器,且已经有项目接入 Polygon。

Layer2 的突破性发展将成为 NFT 爆发的基础设施。应用层面的需求往往会对基础设施的技术和性能提出挑战。比如,链上交易、链上储蓄和借贷等 DeFi 业务需求,对链上资产价格如何实时锚定链下资产价格提出挑战,刺激了预言机的需求。元宇宙可能将颠覆人类的线上社交方式。从 NFT 领域各个阶段的明星项目来看,NFT 项目逐渐从娱乐层面渗透生产和生活层面。最早的明星项目 CryptoPunks 和 CryptoKitties 还单纯处于娱乐层面,火爆的 Axie Infinity 和 Roblox 已经初步可以兼顾娱乐和生产。不久的将来,元宇宙最终可能会形成兼顾娱乐、生产和生活的生态,最终颠覆人类的线上社交方式。

(2)可拓展性问题

为了让基于区块链的系统实现建设透明、安全、防审查和隐私保护的金融基础设施的愿景,如何扩大区块链生态系统的容量成为一个关键议题。扩大以太坊等区块链网络容量是一项非常具有挑战性的任务。区块链由三个主要特征定义:去中心化、安全性和可扩展性。你总是可以在三种特性中选择两种,但你很难让一个区块链同时拥有这三种特性。这意味着提高区块链的可扩展性,从而使其能够以更快、更廉价的方式处理更多交易，通常会削弱其对安全或去中心化的保障。这一难题通常被称为"可扩展性三难困境"。从链上生态系统发展的早期开始，这一难题就一直困扰着区块链技术的支持者。2014年，Vitalik Buterin承诺，以太坊社区要么解决可扩展性问题，要么放弃一切。好消息是，随着最近的可扩展性升级和二层链扩展工具的推出，该项目的成功终于指日可待。

（3）解决方式

从广义上讲，有两种方法可以克服可扩展性三难困境：一层链或者说链上扩展，侧重于改善区块链本身；二层链或者说链外扩展，也许可以改善区块链的使用方式。

①一层链

在以太坊生态系统中，主要的一层链扩展方案被称为"分叉"。它通过创建现有区块链的分叉来水平分割交易数据库，从而减少每个验证器需要处理的数据量。这将允许网络上处理的事务总量超过单个节点的计算能力。最终，这将减少新验证器进入网络的障碍，提高吞吐量，并降低网络交易成本。

然而，一层链扩展方法存在明显限制。它涉及极具挑战性的计算机科学和博弈论难题，其中许多难题从未被解决过。实现它还需要协议的硬分叉，这需要在所有利益相关者之间就每一层升级建立强大的共识。在任何复杂且去中心化的系统中，这都是一个令人望而生畏且十分耗时的过程。"ETH-2"是以太坊计划中的硬分叉升级，然而长期的推迟困扰着它，这说明在技术和社区协调方面，实施一层链变更都很困难。

② 二层链

与一层链解决方案专注于改善核心区块链的性能不同，二层链扩容方案着眼于改善区块链的使用方式。其支持者认为，由于分布式账本固有的容量限制，它们应该只承载价值最高的交易数据。二层链扩容方案将低关键性操作迁移到链外，但将资产和加密货币留在二层链上，允许用户随时回到二层链，以解决争议或回收其加密资产。这将在原生二层链安全系统中锚定二层链操作和链下工具，释放核心区块链上宝贵的区块空间。最终，这使二层链扩容方案能够以更低的成本、更快的速度处理更大量的事务。

二层链解决方案有三种主要类型：状态通道、侧链和 Rollup。虽然这三种方法都可以为区块链容量带来改善，但以太坊社区现在将 Rollup 作为扩展网络最有潜力的途径。其他二层链解决方案在安全性或去中心化方面进行了重大权衡，以实现可扩展性，但 Rollup 可以在不牺牲非信任性的情况下进行一些中心化，这是去中心化优先的关键事项。

③ Rollup

Rollup 将大部分计算迁移到链外，然后定期将成批事务数据和生成的状态根推送到一层链。这种方案在主网络之外执行操作，在一层链记录交易数据和证明。Rollup 既受益于核心区块链的安全性，同时能够实现更大的吞吐量和更低的费用。概括地说，Rollup 有两种类型：ZK Rollup 和 Optimistic Rollup。

ZK Rollup 将计算转移到二层链，定期对主链之外的事务数据进行批次处理和压缩，生成完整性的有效性证明，并将其发布到以太坊主网。通过发布每个状态转换的有效性证明，ZK Rollup 保证了链上状态的有效性，并允许用户随时退出，但是它运行起来既复杂又耗时。尽管开发人员最终将能够在 ZK Rollup 技术中使用 Solidity，但他们目前要求用自定义编程语言重新编写智能合约。这使 ZK Rollup 最适用于支持直接支付的项目，如去中心化交易所或支付平台。

StarkWare 现在是 ZK Rollup 技术的先驱。2020 年中期，Starkware 展示了 StarkEx 的强大功能，它的 ZK Rollup 可扩展性引擎支持去中心化交易，在 12 个小时内在以太坊上建立了 130 万个账户，并为每个账户设定初始余额。如果直接在主网上运行，这个过程将消耗以太坊网络 4.5 天的全部容量。StarkEx 仅以以太坊 2.5% 的容量就实现了 12 个小时的管理，且每笔交易的平均成本仅为 0.003 美元[1]。

Optimistic Rollup 与 ZK Rollup 不同，Optimistic Rollup 假设交易是有效的，并且仅在遇到质疑时运行欺诈证明。Optimistic Rollup 依赖于各方验证第二层提交，并质疑可疑的状态，来维护过渡的完整性。虽然计算效率很高，但这会迫使用户等待一段质疑期后才能获得资金。然而，Optimistic Rollup 带来的可扩展性是巨大的，可以将以太坊的交易费用降低 10 000% 以上，并将吞吐量提高 200 倍。Arbitrium 等项目使用 Optimistic Rollup 技术，可以轻松与现有的 DApp 集成，支持在链外层执行任意 EVM 代码，而对底层智能合

---

[1] DAN MOREHEAD. NFTs, Scaling, What's Next [Z/OL]. (2021-09-08). https://panteracapital.com/blockchain-letter/nfts-scaling-whats-next/.

约的更改最小化。自 2021 年 8 月推出以来，超过 250 家开发团队已经开始在 Pultum 之上进行构建。Reddit 选择该项目为其二层链 Rollup 的发布助力，Aave、Balancer、Band Protocol、Coinbase 钱包、Chainlink、Curve、DAI、Etherscan、Dodo、Metamask、Shapeshift、SushishSwap 和 Uniswap 都利用 Arbitrium 的技术进行了或即将进行集成。

Optimistic Rollup 和 ZK Rollup 的能力和前景是通过将交易锚定在本地一层链安全系统中，让用户可以选择恢复到一层链以收回其资产或解决争议。这激励了用户和运营商诚实行事，也使二者成为创建安全和可扩展网络的重要催化剂。用户可以在该网络上进行交易，且无须信任中心化的中介机构或其交易方。在最近大肆宣传的二层链扩容项目发布之后，这一愿景比以往任何时候都更接近实现。

（三）法律风险

1. 欺诈

（1）假冒 NFT 产品名称

NFT 的真实性由管理收藏品的智能合约认证。因此，为了确保购买的代币是合法的，建议买家在购买前从官方来源，如项目的网页核实代币的合约地址。但是，买家不总是能识别假冒的 NFT 产品，也不知道如何验证 NFT 的真实性。相反，他们只依赖市场上商品的名称和视觉外观。这为发行虚假 NFT 的犯罪分子提供了可乘之机。我们经常能观察到这样一类赝品——它们与正版 NFT 收藏品的名称相似。①

表 7.1　假冒 NFT 产品名称

正版 NFT 项目	假冒 NFT 项目
Bored Ape	"Bored ApeClubs" "Bored Ape_Club"
Crypto Punks	"Crypto Punks" "Crypto Punks1" "Crypto Punks."
Doodles	"Doodles_LLC" "Doodles_nfts" "Doodles LLC" "Doodles All"
World of Women	"WorldOfWomen" "The World of Women" "Free World of Women" "The World of Womens"

资料来源：NFTs Guru. How Can You Tell if NFTs Are Fake?［Z/OL］.［2022-02-13］. https://nftsguru.com/collector-tips/avoid-buying-fake-nft/.

为了防止这种假冒产品，OpenSea 限制用户使用市场上十分流行的收藏名称和某些特殊字符。尽管如此，不法分子还是可以绕过这些限制。例如，添加一个"."在名称末尾，或用小写字符替换大写字符。如"CryptoSpells"系列的虚假名称是"CryptoSpells."。此外，这些限制可能会给合法用户带来问题，如法国用户抱怨无法在收藏中使用重音字符。

（2）相似的图像或相同的图像 URL

不法分子可能会复制正版数字资产的图像，制造出一个副本，然后造出指向该副本的 NFT。另外，URL 是图片在网络上的地址，一些假冒 NFT 内含有的 URL 是复制了合法 NFT 的图像 URL。到目前为止，没有任何交易平台进行相似性检查来确认正版 NFT 是

---

① NFTs Guru. How Can You Tell if NFTs Are Fake［Z/OL］.（2022-02-13）. https://nftsguru.com/collector-tips/avoid-buying-fake-nft/.

否已被盗用。一个团队随机下载了 9 991 013 张指向特定 NFT 的图片，发现了 59 425 对相似图像，经过手动验证，发现这些图像在视觉上有 90% 的相似性。可以想到，一个买家只要看到 CryptoPunks 的图像，就可能会把该 NFT 误认为是原件[1]。

（3）洗售交易

洗售交易是一种通过买卖相同的金融工具，向市场提供误导性信息，进而操纵市场的行为。其动机主要包括四种：创造对特定项目的虚假需求；对特定类型的金融资产、出版者、艺术家，或者地图上的特定地点进行炒作；人为地夸大市场指标，从而制造看上去良好的市场表现；为了获得代币奖励而进行交易。

洗售交易无疑会对 NFT 市场产生影响。为了量化洗售交易，首先有必要确定洗售交易以什么形式发生，如何识别它，以及为什么人会对这种交易行为的合法性产生怀疑。判断是否存在洗售交易，一般有如下四种标准。

- 交易活动异常的钱包和项目：如交易量或资金量高于平均值。
- 钱包之间的异常交易活动：一对或一系列钱包之间保持固定的模式，重复相同的交易。
- 围绕资产的异常活动：某一资产流动性明显过大，与同类资产的市场流动性不相似。
- 围绕某些资产重复出现的交易日期、时间和交易模式，例如：

---

[1] Das D, Bose P, Ruaro N, et al. Understanding Security Issues in the NFT Ecosystem [J]. arXiv preprint arXiv：2111.08893, 2021.

收藏品#100to#110在同一时间段内以相同方式、相同次数进行交易。

最简单最经典的洗售交易模式是：0xA将某资产出售给0xB，随后该资产迅速被0xB转售回0xA，买卖双方的交易形成了一个循环（如图7.3）。此操作往往在同一对地址之间多次执行。通常情况下，同一对钱包之间的某一种资产交易达数十次或数百次。

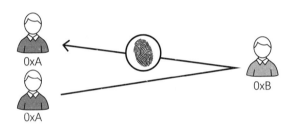

图7.3 最经典洗售交易模式

注：图中每种颜色的小人代表一个钱包地址（如0xA、0xB等），不同颜色的小人表示不同的钱包地址。指纹表示某种资产。黑色箭头表示销售，从卖方指向买方。

这种洗售交易模式会造成两种表现：一是流动性和资产价格异常升高；二是每两次交易之间存在固定的时间间隔，例如每隔45分钟产生一次交易。

上述最基本的洗售交易模式有三种常见的变体。

第一，首个卖家买回。0xA将资产出售给0xB，0xB免费将资产转移到0xC，0xC再将此资产卖回给0xA。在这种模式中，资产被免费给予第三个地址，然后再卖给第一个卖方。（如图7.4）由于从0xA到0xB的赠予不是市场活动，所以这可以被视为试图隐藏洗售交易的行为。

第二，首个买家买回。0xA 将资产出售给 0xB，0xB 将此资产免费授予 0xC，0xC 将此资产出售给 0xB。（如图 7.5）类似于首个卖家买回模式，即从买方 B 获得资产后，地址 B 将资产转移到钱包 C，一段时间后，钱包 C 将资产重新出售给钱包 B。

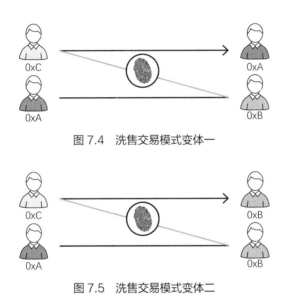

图 7.4 洗售交易模式变体一

图 7.5 洗售交易模式变体二

第三，虚假畅销。0xA 将资产出售给 0xB，0xB 免费将资产转回 0xA，0xA 再次将资产出售给第三个钱包 0xC［如图 7.6（a）］。这种模式的独特之处在于，它在不增加资产数量的情况下人为地扩大了资产的销量，这可以被视为多次出售同一项资产。当多个钱包参与虚假畅销时，就变成图 7.6（b）的情况。

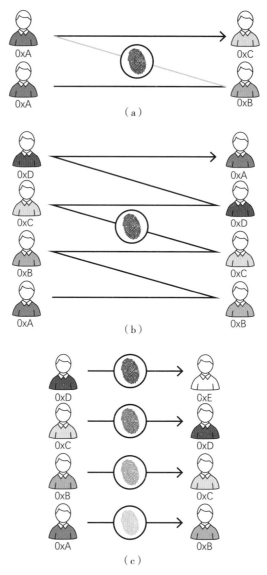

图 7.6 洗售交易模式变体三

当洗售交易涉及的资产由一种变为多种时，就更具有迷惑性。例如，0xA 将资产 #212 出售给 0xB，0xB 将资产 #213 出售给 0xC，

0xC 将资产 #214 出售给 0xD。这样资金仍在多个钱包之间转移，但是涉嫌洗售交易的资产种类的增加无疑会给识别带来困难。

（4）自拍竞价

自抬竞价是一种常见的拍卖欺诈行为。卖方通过对自己的资产进行出价，或与其他出价人串通，以不断增加的出价金额进行虚假竞价，从而人为抬高资产的最终价格。这可能导致诚实的投标人支付更高的价格。随着对资产的超高出价越来越普遍，人们怀疑许多 NFT 拍卖遭受人为价格抬升[①]。

（5）庞氏骗局

在这类骗局中，犯罪者用新投资者的资金来支付旧投资者的股息。大多数情况下，犯罪者不会持有一股股票。许多人都熟悉这一欺诈类型，然而，由于公众对加密货币知之甚少，很多人可能不熟悉可以用加密货币实施庞氏骗局。

最臭名昭著的加密资产庞氏骗局可能是 Bitconnect（BCC）实施的骗局。表面上看，BCC 似乎是一个完全合法的加密货币交易所，有一个用户友好的网站，并配有一段有趣的动画视频介绍其所谓的优势。然而，Bitconnect 实际上实施了一个庞氏骗局，使数千名投资者的资金打水漂。在加密货币的早期，最初的投资者被承诺将获得高达 120% 的回报。Bitconnect 告知投资者，如果他们在 Bitconnect 的本地加密货币交易所存储和交易 BCC，他们将从 BCC 中赚取"利息"，从而使 95% 的 BCC 交易发生在该交易所。另一

---

① 参见 https://nft.substack.com/p/the-specter-of-shill-bidding-around。

个危险信号是,任何购买行为都必须用比特币支付。这很可能是因为现金购买比使用比特币或任何其他加密货币购买更容易被追踪。Bitconnect 为投资者提供了收益报告,显示他们从中获得了多少利益。"利息"无疑是用来自新投资者的资金填补的。截至 2018 年 1 月 17 日,许多人认为 Bitconnect 的庞氏骗局已经停止。BCC 的价格在短时间内大幅下降了 80%,从每 BCC 高达 400 美元降至每 BCC 仅 27 美元[1]。这种快速下跌无疑是因为许多投资者意识到他们很可能被骗走资金。不幸的是,该计划的实施者很好地掩盖了自己的行踪。他们通过匿名操作,并要求所有购买者必须使用比特币购买,这让调查人员几乎不可能追踪到他们。据估计,由于这起欺诈,大约有 100 万—1 000 万美元被骗取。不管这个加密资产庞氏骗局的破坏程度到底有多大,它的影响足以让许多潜在的加密投资者对他的下一个加密资产投资保持警惕。

加密货币 Tether 是用加密货币实施庞氏骗局的又一个例子。Tether 是一种设定相等汇率的加密货币。从理论上讲,这使得 Tether 可以作为一种安全媒介,不断为加密货币的投资者提供服务。Tether 声称,市场上的每一条 Tether 都有一美元作为抵押。但是人们仍然能够发现一些危险信号。例如,在某一时段的公开交易中,交易市场上大约有 283 109 970 个流通中的 Tether[2]。根据同时期 Tether 的最后一次审计,审计人员仅仅计算出 44 771 061.81

---

[1] Baum S C. Cryptocurrency fraud: A look into the frontier of fraud [J]. University Honors Program Theses, 2018.
[2] 参见 www.coinmarketcap.com。

美元，这与 Tether 在流通中的数字大相径庭。许多投资者认为，Tether 正在实施一个庞氏骗局，因为他们为其加密货币提供支持的美元现金量与市场上实际的加密货币量相差甚远。

2. 非法集资

（1）ICO

在加密货币领域，ICO 在许多方面与股票首次公开发行（IPO）类似。通常，加密货币公司会向公开市场发行预定数量的代币，就像公司上市时发行股票一样。事实上，许多 ICO 都是合法的加密货币，有可能像其他证券一样让投资者获利。然而，ICO 中有很大一部分被认为是欺诈性的，因为这些公司的高管试图诱导投资者投资于实际上并不存在的加密货币、这些骗子利用了潜在投资者害怕错过下一次大规模加密货币支付的心理。来自四大会计师事务所安永的研究人员估计，迄今为止投资于 ICO 的 37 亿美元中，有超过 10% 的资金因此类虚假 ICO 计划而被诈骗。伪造 ICO 的犯罪者试图通过捏造极高的回报率、谎报投资者人数和投资金额，以及宣传新颖的功能，诱使潜在投资者陷入他们的骗局中。Plexcoin 的高管曾承诺在 30 天内将获得高达 1 354% 的回报，这当然不是任何证券都能保证的数字①。Plexcoin 表示，他们正在开发一种类似信用卡的工具，被称为"Plexcard"。据推测，这张虚拟卡的设计目的是将 Plexcoin 从 ATM 机中取出，并且可以在世界任何地方使用，也

---

① Witteveen T. Future Crypto-Concerns for Canadian Securities Regulators [J]. Banking & Finance Law Review, 2018, 33（2）: 265–286.

可以直接连接到PlexWallet。它将让你有机会以完全保密的方式花钱。

　　虚假ICO计划的另一个有趣例子是REcoin计划。REcoin是一种虚构的加密货币，由一个名叫马克西姆·扎斯拉夫斯基（Maksim Zaslavskiy）的骗子创造。扎斯拉夫斯基推出了他的"革命性"新加密货币，成为有史以来第一个由房地产支持的加密货币。一篇文章将REcoin描述为对加密货币世界持谨慎态度的投资者的伟大投资工具，因为与任何其他加密货币不同，代币初始销售的收益将投资于几乎所有司法管辖区都高度监管的房地产市场，同时将增强持有人和投资者对代币的信心。扎斯拉夫斯基还用另一种名为"DRC"的伪造加密货币进行了同样的欺诈[1]。DRC背后的理论与REcoin类似，但收益不用于投资房地产，而用于投资钻石。然而，扎斯拉夫斯基似乎从未将REcoin的任何收益投资于房地产，也从未将DRC的任何收益投资于钻石。据SEC进行的调查显示，REcoin和DRC均未开展任何业务[2]。SEC认为，扎斯拉夫斯基只是众多试图实施虚假ICO计划的欺诈者中的一小部分人[3]。

---

[1] Zhang A R, Raveenthiran A, Mukai J, et al. The regulation paradox of initial coin offerings : A case study approach [J]. Frontiers in Blockchain, 2019, 2 : 2.
[2] Sarah Buhr. The SEC has charged two initial coin offerings with defrauding investors [Z/OL].[2017-09-29]. https://techcrunch.com/2017/09/29/the-sec-has-charged-two-initial-coin-offerings-with-defrauding-investors/.
[3] Achilles J, Larsen K, Selig M. The US SEC asserts its regulatory enforcement power in the ICO space [J]. Payments & Fintech Lawyer, 2018, 12（2）.

（2）卷款跑路

根据 Investopedia，退出计划是不道德的加密货币发起人的欺诈行为，欺诈者在 ICO 期间或之后携投资者的资金消失[①]。有时，退出计划可能会以合法企业的形式开始。然而，由于不利的经济条件、糟糕的商业计划或两者兼而有之，未来实施退出计划的人可能会试图凭空消失，以逃避监管一家破产企业的后果，并在这一过程中带走所有投资者的资金。这种方案在加密货币初创公司中很受欢迎，因为当企业的所有运营都是虚拟的时候，匿名性很容易维护。

一家名为 Giza 的加密资产公司实施类似的计划。投资者认为 Giza 是一家合法的公司，因为它宣布与俄罗斯科技公司 Third Pin LLC 建立合作关系。Giza 与 Third Pin LLC 签订了合同，以帮助创建一种可以存储加密货币的安全设备。Giza 之后又筹集了 2100 多枚以太币，相当于当时的 240 万美元。当 Third Pin LLC 宣布与 Giza 断绝关系时，投资者开始担心。2018 年 2 月左右，所有投资者的资金都从已知的 Giza 钱包中转出，据称此举由 Giza 神秘的首席执行官马可·菲克（Marco Fike）操作[②]。由于菲克的领英（LinkedIn）档案中包含虚假信息，比如他在牛津大学就读，而牛津大学没有他的出勤记录，因此如果这是他的假名没有人能够追踪到他。Giza 现在已经成为加密交易社区中退出计划的同义词。

加密公司 LoopX 也实施了类似的退出计划。LoopX 告诉投资

[①] 参见 https://www.investopedia.com/tech/whats-cryptocurrency-exit-scam-how-spot-one/。
[②] Kaspersen S, Solbakken A E R. Bitcoin-den nye valutaen [D]. Handelshøyskolen BI, 2018.

者,它开发了一个复杂的加密交易软件,其中包含一个算法,可以每周为投资者赚取利润。结果投资者在 2018 年 1 月损失了 276 BTC 和 2 446 ETH[①]。

上述加密公司可能是通过退出计划来逃避失误的商业计划,但还有更多的欺诈者实施了同样的计划,他们最初就根本不打算为客户或投资者提供任何东西。符合这一类别的最大退出计划之一是 CabbageTech。CabbageTech 首席执行官帕特里克·麦克唐纳(Patrick McDonnell)通过向客户提供加密资产投资交易建议换取加密货币。CabbageTech 声称,通过他们的服务,人们可以在不到一周的时间内获得高达 300% 的投资回报(Cheng,2018)[②]。然而,麦克唐纳从未向他的客户提供过这项服务,且试图简单地退出这项业务并卷走客户价值 110 万美元的比特币。然而,证监会和商品期货交易委员会已对其提起诉讼,CabbageTech 诈骗案并非个别案例。

Benebit 本应是一家新型加密货币公司,利用收益激励客户进行投资。Benebit 声称,奖励系统的工作原理就像从航空公司获得常客里程一样。然而,当投资者发现团队成员照片是伪造的时候,他们开始质疑 Benebit 的真实性。在指控被提起后不久,这些骗子就带着 270 万—400 万美元的资金离开了市场,甚至还没有将他们

[①] Mix. Cryptocurrency Startup LoopX Pulls Exit Scam after Raising $4.5M in ICO [Z/OL].(2018–02–12). http://thenextweb.com/hardfork/2018/02/12/cryptocurrencyloopx-scam-ico/.

[②] Cheng, Evelyn. Staten Island-Based "CabbageTech" Charged with Bitcoin-Related Fraud after Promising 300% Returns in a Week [Z/OL].(2018–01–19). http://www.cnbc.com/2018/01/19/us-regulator-charges-cabbagetech-with-bitcoinrelated-fraud.html.

新颖的加密货币理念推向市场。

并非所有的退出计划都必须像前面的例子那样精心计划。比如一个可能是最荒谬的退出计划——PonziCoin。PonziCoin 筹集了超过 25 万美元,之后欺诈者带着资金消失了。显然,加密货币公开将自己推销为一个骗局,然而,轻信的投资者仍然被吸引并投资于他们认为合法的加密货币。随着每天被发现的退出计划数量不断增加,潜在的加密投资者必须比以往任何时候都更仔细地研究这些加密货币和业务的合法性。

与加密货币项目类似,NFT 社区里项目方卷款跑路的案例也层出不穷。2022 年 2 月,一则名为《Twitter 粉丝数为 22.7 万的 NFT 项目预备跑路,竟是 16 岁高中生操盘》的新闻在互联网上飞速传播,起因是一份叫 *Squiggles Rug Alert* 的报告用 57 页的篇幅详细讲述了 Squiggles NFT 项目方销售数据造假、准备跑路的全过程。据悉,Squiggles 是 1 万个 NFT 的集合,目前展出的藏品有云朵、时钟、烧杯、头骨、人类、猿类、燃烧的头颅等,它们具有 300 余种不同的属性,包括数百个视觉元素和字符库,还有数字艺术家调色板中的数百种独特功能、服装和颜色。Squiggles NFT 在建模、配色、构型等方面水平相当高,不同藏品之间风格迥异、极具个性,且创意感十足。值得一提的是,Squiggles 项目组 Twitter 粉丝数高达 22.7 万,在 NFT 领域属于相当多的粉丝量了。然而,在一系列诈骗指控和曾经的卷款跑路行为被曝光后,Squiggles 被迫从 OpenSea 中退市。这份长达 57 页的报告也被送到了美国证券交易委员会。该报告称,Squiggles NFT 团队曾有众多卷款跑路前科,已经骗取了投资者超过

275

1 000万美元,其中一名团队成员还在 OpenSea 中工作。该团队曾经的骗局项目包括:《圣魔联盟》(地板价 0.008 ETH)、《神圣生物联盟》(无地板价)、《宝石穹顶》(无地板价)、《幸运佛》(地板价 0.001 ETH)、《肮脏狗》(地板价 0.01 ETH)、《罪恶灵魂》《无面人》。该报告还写道:"我们有强有力的证据表明,《宝石穹顶》背后的策划者——VaultKeeper 和他的同伙 Atmo、Michel、MargoNoRobbie、Chuck 以及其他参与者一直在启动并放弃 NFT 项目,从毫无戒心的人那里骗走了数百万美元,让他们拿着毫无价值的图像。"

3. 隐私保护

NFT 所采用的区块链技术在许多方面可能威胁个人隐私。近年来,区块链技术和《通用数据保护条例》(General Data Protection Regulation,GDPR)之间的多个冲突点已经被确定。下面将详细阐述这些问题。总的来说,这些冲突关系是由以下因素造成的。

第一,GDPR 基于一个基本假设,即关于个人数据,至少有一个自然人或法人——数据处理者,以执行他们在欧盟数据保护法下的权利。然而,区块链往往寻求实现去中心化,用许多不同的参与者取代一个单一的参与者。这使责任和问责制的分配成为一种负担,特别是考虑到该条例下(联合)控制权概念不确定。在这方面另一个复杂的因素是,根据最近判例法的发展,确定哪些实体有资格成为(联合)控制人可能缺乏法律确定性。

第二,GDPR 基于数据可以在必要时进行修改或擦除,以符合法律要求,如 GDPR 第 16 条和第 17 条。然而,为了确保数据的完整性和增加对网络的信任，区块链故意对数据修改变得非常繁重。同样，由于《通用数据保护条例》中存在的不确定性，也增加了有关数据保护法这一领域的不确定性。例如，目前尚不清楚应该如何解释 GDPR 中第 17 条的"擦除"的概念。

我们可以看到，这些冲突关系将在许多领域发挥作用。例如，关于通常存储在分布式账本上的数据，如公钥和事务性数据，是否符合 GDPR 目的的个人数据，一直存在着争论。具体来说，被加密或哈希的个人数据是否仍然属于个人数据。虽然人们通常认为情况并非如此，但这些数据很可能符合 GDPR 目的的个人数据，这意味着《通用数据保护条例》适用于处理此类数据。更广泛地说，这一分析还强调了很难确定曾经是个人数据的数据是否可以充分地"匿名"，以满足 GDPR 的匿名要求。

最后，区块链和 GDPR 之间的冲突关系与数据最小化和目的限制的首要原则有关。尽管 GDPR 要求被处理的个人数据保持在最低限度，并且仅为预先指定的目的进行处理，但这些原则可能很难应用于区块链技术。分布式记账是可以随着新数据的添加而不断增长的数据库。此外，这些数据还可以在许多不同的计算机上复制。从数据最小化原则的角度来看，这两个方面都存在问题。目前不清楚个人数据处理的目的应该是否应用于区块链上下文，特别是这是否只包括初始事务或是否还包括继续处理个人数据（如存储和使用共识）。擦除权（"被遗忘的权利"）和区块链之间的冲突关系可能是近年来讨论最多的问题。实际上，区块链使数据的单边修改变得困难或不可能。当然，这很难与 GDPR 的要求相一致，即在特定情况下必须修改个人数据（根据 GDPR 第 16 条）和擦除（根据 GDPR 第 17 条）。

（四）商业应用受限

1. 用户体验不足

现在的区块链市场中有"万物皆可 NFT"的趋势，巨大的市场潜力吸引了众多普通用户的参与。但是，NFT 赛道目前还处于初期，难免存在一些缺陷，比如生态环境不够完善、项目分化严重、流动性差、安全风险较高等问题。对于新手玩家而言，参与 NFT 会涉及私钥、钱包、助记词等概念，具有不低的进入门槛[①]。

这就要求各方应不断改善用户体验，做到易懂、便捷且完善。目前，在提升用户体验方面，共有以下两个工作重点。

第一，简化普通用户对于 NFT 概念的理解[②]。对于普通人来说，理解 NFT 本就不容易。更何况，NFT 领域内的专业人士在解释概念时总是说一些高大上的话，这对想要涉猎这个领域的新手来说又是一种难以跨越的屏障。加上多数用户对链上操作较为陌生，进入所需的资产门槛较高等因素，市场将一部分人群挡在了门外。

第二，平台应着重优化所有目标用户的 NFT 体验。就像大多

---

① 金色财经.欧易 OKEx 早讯：深圳市龙华区将以区块链等为支撑建设数字经济先行区[Z/OL].（2022-02-10）.https://www.zhiguf.com/focusnews_detail/350224.

② 金色财经.Refinable 创始人 Nick Chan：专注用户体验 打造 NFT 未来市场[Z/OL].（2022-02-10）.https://www.zhiguf.com/focusnews_detail/300233.

数人不知道谷歌地图中的算法是如何工作的，他们只是按照指示操作。同样，区块链应用程序不需要教授用户关于 NFT 的知识，他们只需要使其易于使用。

目前，NFT 应用平台仍然存在一系列的问题，市场仍然缺乏令人信服的用户体验：第一，大多数 NFT 平台仍然以桌面为中心。这就意味着用户无法随时随地访问其 NFT 并与之交互。第二，平台内缺乏社交社区功能，这使围绕 NFT 的大多数社区行动，如发现、讨论和展示，都是在 NFT 平台之外执行的。用户被迫在应用程序之间切换，进而产生不和谐的体验。第三，缺乏个性化的用户体验[1]。只有合理的用户分层，才能提高交易效率。强大的个性化服务仍具有十足的吸引力。第四，缺乏一个提供良好用户体验的中央 NFT 市场。充足的市场机会不仅能够吸引投资者的进入，也能招来众多内容生产者的加入。第五，支付手段烦琐。用户首先要到其他网站注册一个钱包，从交易所找到一种以法定货币支付的方式，购买加密货币，再连接到市场，然后才可以开始交易。

那么，如何才能打造引人入胜的 NFT 体验呢？可以从以下几个方面入手。

首先，建立一个买家、卖家、艺术家及其粉丝可以自由社交和互动的社区。用户能够在一个应用程序中进行整个 NFT 体验。从

---

[1] PRNewswire. Reinventing NFT experience-Artemis Launched the World's First Decentralized Mobile-focused NFT Social & Trading Platform [Z/OL]. (2022-02-10). https://dailycoin.com/reinventing-nft-experience-artemis-launched-the-worlds-first-decentralized-mobile-focused-nft-social-trading-platform.

发现创作者并在创作者的空间闲逛，到收集 NFT，再到与朋友互动、分享和评论，用户都能够无缝执行这些操作，而无须切换平台。目标是为创作者和用户提供充满活力和安全的市场。

其次，开发一个灵活可移动的平台。用户将能够全天候地享受 NFT 并随时随地与之互动。

再次，将 NFT 行业扩展到现实世界，成功将普通人群引入加密领域。NFT 技术可以与现实世界相融，特别是在奢侈品、特殊体验以及票务领域，使 NFT 成为日常生活的一部分，并为行业培养可持续和更具黏性的用户群。

最后，简化购买流程。平台应允许用户携带自己的钱包并将其连接到市场的功能，并且钱包可以直接进行加密支付。在将来，平台甚至有机会提供信用卡支付服务，让非加密用户可以开始使用法定货币。

总之，行业共同的目标就是开发一个可供从初学者到专家的所有水平的人使用的通用平台，使 NFT 更接近于主流用户。用户不必具有卓越的技术背景或对 NFT 的高级理解，就可以享受创建和销售 NFT 的乐趣。

2. 缺乏实际价值

对 NFT 价值增长最重要的贡献者之一必然是效用。NFT 必须有一个有用的功能，或者有一个社区普遍同意的真正价值。否则，NFT 的价格便如同空中楼阁，发展到一定时期就会遭到人们的抛弃。当 NFT 第一次出现时，价值的整个焦点集中在艺术上。但现在，更为重要的是 NFT 本身的实用性价值，以及它们可以为社区提供些什么。

幸运的是，在 Web 3.0 的技术方面，已经有针对艺术家的实用功能。众所周知，在传统世界中，艺术家们很难通过他们的艺术作品赚钱。长期以来，平台一直保留着对艺术家的控制权，而依附于平台的艺术家往往要被这些第三方平台分走很大一块"蛋糕"。但 NFT 的出现成功改变了这一困局。与 Web 2.0 世界不同，"Web 3.0+NFT"能够充分保护艺术家自己的作品版权，只有当其转让时，所有权才会改变，而不需要执行版权法来维护作品的所有权。并且，自动版税可以使艺术家从自己的作品中获得应有的报酬。这便是 NFT 所能够提供价值的一个典型应用。另外，NFT 已经通过空投建立了实用性。在现实生活中只能通过 NFT 访问的事件进入元宇宙，通过 DAO 进行治理，甚至有机会铸造其他项目。这些好处和功用都是使 NFT 更有价值的原因。因此也不惊讶像 BAYC 这样的 NFT 能卖到几十万美元了，NFT 的价值始终是基于社区的，先进的功能为社区提供价值，而良好的社区又能够充分支持 NFT 的蓬勃发展。所有权、成员资格、身份、稀有性、稀缺性、效用和审美，它们使 NFT 更有意义，并有助于加深情感和依恋，这两者都使 NFT 不仅局限于金融投资。在具体应用中，平台开发项目要尽可能多地结合成员资格、身份、所有权和版税等功能。如果一个项目缺乏这些功能，就不可能创造一个长久保值的收藏。

虽然各方都在争取努力完善 NFT 的相关属性，但是当前的解决方案仍有一定的局限性。NFT 依旧是一项崭新的技术，这只是漫长旅程的开始。需求是发明之母。随着对NFT需求的不断增加，必将会有一些全新的、更具可扩展性的解决方案。

3. 国内外发展路径有差异

国内的NFT交易支付仍以人民币为主。在海外NFT交易平台中，用户选购的NFT资产在付款后，就会与买家的去中心化钱包进行绑定，用户在通过自有数字钱包选择不同平台来进行售卖、拍卖等，以此完成实质性的NFT资产转移。受国内对加密货币交易严厉打击的影响，国内平台仍主要使用法币定价，NFT被包装成"资产凭证"，场内转移NFT所有权，场外资金清分，用户往往通过第三方支付渠道将拍卖费用转移给平台。平台利用公链确权，但未使用公链进行资产转移，只是取名为以太坊账户。那么，用户资金就存在滞留中心化平台的风险。用户付款后资金的安全性无法得到保障，若平台发生倒闭、跑路等情况，所付款项便难以追回[①]。

2022年4月13日，中国互联网金融协会、中国银行业协会和中国证券业协会联合发布《关于防范NFT相关金融风险的倡议》（以下简称《倡议》）。《倡议》提出，坚决遏制NFT金融化、证券化倾向，从严防范非法金融活动风险。

《倡议》指出，近年来，我国NFT市场持续升温。NFT作为一项区块链技术创新应用，在丰富数字经济模式、促进文创产业发展等方面显现出一定的潜在价值，但同时也存在炒作、洗钱、非法金

---

① 比特币之家.直击火爆之下的NFT交易平台：存资金池风险、与加密货币关系紧密[EB/OL].(2022-02-10). https://www.btc798.com/articles/87488.html.

融活动等风险隐患。

为防范金融风险、保护消费者合法权益、维护行业健康生态，中国互联网金融协会、中国银行业协会、中国证券业协会联合呼吁会员单位共同发起以下倡议。

第一，坚持守正创新，赋能实体经济。三协会倡议践行科技向善理念，合理选择应用场景，规范应用区块链技术，发挥 NFT 在推动产业数字化、数字产业化方面的正面作用。确保 NFT 产品的价值有充分支撑，引导消费者理性消费，防止价格虚高背离基本的价值规律。保护底层商品的知识产权，支持正版数字文创作品。真实、准确、完整披露 NFT 产品信息，保障消费者的知情权、选择权、公平交易权。

第二，坚守行为底线，防范金融风险。三协会在《倡议》中表示，坚决遏制 NFT 金融化证券化倾向，从严防范非法金融活动风险，自觉遵守以下行为规范：一是不在 NFT 底层商品中包含证券、保险、信贷、贵金属等金融资产，变相发行交易金融产品；二是不通过分割所有权或者批量创设等方式削弱 NFT 非同质化特征，变相开展代币发行融资；三是不为 NFT 交易提供集中交易（集中竞价、电子撮合、匿名交易、做市商等）、持续挂牌交易、标准化合约交易等服务，变相违规设立交易场所；四是不以比特币、以太币、泰达币等虚拟货币作为 NFT 发行交易的计价和结算工具；五是对发行、售卖、购买主体进行实名认证，妥善保存客户身份资料和发行交易记录，积极配合反洗钱工作；六是不直接或间接投资 NFT，不为投资 NFT 提供融资支持。

同时，三协会呼吁广大消费者树立正确的消费理念，增强自我保护意识，自觉抵制 NFT 投机炒作行为，警惕和远离 NFT 相关非法金融活动，切实维护自身财产安全。如发现相关违法违规活动，应及时向有关部门举报。

目前国外 NFT 金融化炒作投机等现象层出不穷，NFT 依托公链发行，可进行随意转让和销售，我国发布《倡议》旨在防范 NFT 金融化，使数字藏品真正发挥本身的艺术价值和应用价值，坚决打击违法犯罪行为，因此，我国与国外的 NFT 发展路径存在本质不同。

总体来看，国内以阿里、腾讯为代表的 NFT 艺术收藏品市场似乎走向了另一个极端，即几乎完全否定了 NFT 交易的性质，单纯作为稀有性、版权证明而存在。但目前看来如此操作也否定了 NFT 流通与传播的价值，与传统艺术藏品没有明显区别。仅仅将 NFT 当作确权机器对于区块链技术来讲是否是买椟还珠，流通性与投机性之间的关系，或许需要我们好好把握。

阿里和腾讯推出的 NFT 分别基于旗下的蚂蚁链和至信链创建，两条都是符合监管要求的无币区块链，保留了区块链不可篡改、可溯源等特性，能够确保加密数字藏品的真实性和归属权。

相比区块链原生领域将 NFT 命名为"非同质化代币"，"大厂们"则将其描述为"非同质化权益证明"，在命名上有意避免了"币"字，显示出两家企业对监管的谨慎态度。

从效果上看，阿里、腾讯推出的 NFT 获得了市场欢迎。不过，用户购入的藏品在流通环节颇受限制。当前幻核并没提供 NFT 转赠或转卖的入口，支付宝 NFT 小程序则在条款注明，用户至少持有 180 天后才可转赠给好友。这是与原生区块链产出 NFT 的最大区别。

在原生区块链领域，OpenSea 等 NFT 交易市场已形成了一套从自由创建、发行到上架交易再到后续流通的闭环。业内人士分析称，国内大厂之所以在 NFT 的流通上设限，主要还是为了避免过度炒作以及规避监管风险。在这种情况下，也有市场声音认为，收藏品难以流通本质上没有解决收藏领域的痛点。

客观来说，基于区块链发行的数字收藏品有着真实的市场需求。从古至今，收藏品市场一直作为一个小众市场存在，不少人对艺术品、古董字画、音乐唱片有着收藏爱好。但这一市场也鱼龙混杂，赝品横行，严重损害了创作者和购买者的权益。这体现了藏品市场流通不畅、交易市场渠道单一的特点。

当区块链技术出现后，NFT 在藏品市场有了用武之地。在区块链中，每一笔交易都可查证，且各种类型的文创作品都可上链存储，包括图片、视频动画等。在原生区块链圈子，NFT 已成为一个热门市场，大量的原创 NFT 在 OpenSea 等平台被自由创建和交易。

对于早就开始研发区块链技术、坐拥各种区块链知识产权的腾讯和阿里来说，艺术藏品市场恰好是一个可行性极强的落地场景。"幻核"交易平台就强调：当买入 NFT 后，你无须担心储存、流通、损耗、盗窃、运输等问题，可以方便快捷地购买到各类数字收藏品，欣赏和管理这些真正属于你的物品，享受你的数字权益。

在当前阶段，腾讯和阿里主要通过联合艺术家以及知名 IP 发售 NFT，可以做到保真和确权，很大程度解决了传统藏品市场盗版横行等痛点。不过，无论是相对传统藏品市场还是原生区块链圈子，这些大厂发售的加密数字藏品NFT在流动性上都大打折扣。

在业内人士看来，两家大厂在NFT的流通方面做限制，主要还是为了规避监管风险，并且这些NFT建立在私有链或联盟链上，与公链NFT有所差别。

在国内发展NFT需要考虑国内的市场情况，更应该重视合规风险。在发币流通等诸多限制下，如何组建必要的监管机制，丰富发展规范是当前国内NFT市场面临的考验和难题。

后 记

如今每个人的生活都离不开互联网，与此同时产生了大量的数据。诸如谷歌、Meta等大型科技公司掌握着用户绝大多数数据，并几乎可以毫无顾忌地利用大数据变更推送的信息来间接影响用户的行为。在国内互联网上也对非法爬虫、大数据杀熟、信息泄露等行为屡见不鲜，这些行为受到国家的大力整治。究其原因，就是因为分布式的互联网被一部分大型科技公司所垄断。

早年的互联网技术先驱们，在克服信息技术问题中采用了分布式网络架构，可以说这是去中心化思想的第一次落地。但后来随着互联网公司的发展，不可避免地又将数据垄断到少数公司的手中。大家普遍认为，用户能做的很少，大厂能做的很多。

近些年，国家已经深刻意识到数据中所蕴涵的巨大价值，十九届四中全会审议通过的《中共中央关于坚持和完善中国特色社会主义制度、推进国家治理体系和治理能力现代化的若干重大问题的决定》(以下简称《决定》)增列"数据"作为生产要素，并划定了三个探索的大方向，数据供给、数据交易与数据使用。针对《决定》中所列举的三个方向，我们分别讨论 NFT 以及区块链技术能在其中可能发挥的作用。

NFT 真正的价值与意义在于 NFT 使在数字世界"一手交钱，一手交货"成为可能。如果说数字货币是货币的数字化，那么 NFT 就是资产的数字化。

首先是数据供给，NFT 确保每个数字资产具备独特的 ID，因此断绝了复制的概念，使数据真正有了所有权，让交易成为可能。虽然理论上公司之间可以在数字交易所中交易拥有的数据，但是数据可以被轻易复制，一份数据可能存在多次出售的问题，这与数字货币中的"双花"问题类似。当然这些问题可以通过司法监管等方式解决，但无疑加大了执法和监管成本，面临烦琐的诉讼流程和手续，定会打击交易的积极性和提高交易成本。而使用 NFT，数据本身会被打上标签，能够让交易轻易辨别，使得其他企图"双花"的做法无效。需要注意，NFT 技术并不能真正让数据不可复制，但是利用区块链技术，数据可以轻易溯源和确权，此举将极大降低交易成本和维权难度，而且业界仍在对零知识证明等技术加大探索，相信这些有益的尝试能够进一步解决数据交易流转的问题。最终达到数据就是 NFT，NFT 就是数据的效果（下文中不再对数据和 NFT 进行特别区分）。

同时，我们也看到了基于区块链技术的票证的数字化，实物资产数字化带来了新的数据，例如深圳的区块链发票。基于数字孪生，NFT 连接了实物资产和数字资产，可以畅想，未来在现实世界的车、房，可能也在元宇宙中对应相应的 NFT 车、房，这将极大地拓宽经济活动的价值与意义。

其次是数据交易，海外出现诸多去中心化交易所，其利用数学模型和流动性聚合使交易更加透明，成本更加低廉，资本效率更高。近些年国内外许多中心化交易所私自挪用用户准备金，参与非法投资或者卷款跑路使信用危机剧增，金融系统性风险加大。以及前些年许多 P2P 借贷爆雷，国内小微金融一片狼藉等问题，这些就是因为中心化机构私自挪用用户资金，最终遭遇流动性危机破产。而去中心化交易所中用户资金由代码控制，任何人无法挪用，规则提前进行规定，由程序进行监管执行，剔除了人为的干扰和影响，因而能够更好的缓解信用危机问题，以及点对池（Peer to Pool）的模型探索解决了许多传统点对点（Peer to Peer）的问题，感兴趣的读者可以进一步进行研究。

同时，海外针对 NFT 金融化的探索，虽然并不完全适合中国国情，但其中关于 NFT 定价的问题，以及 NFT 作为抵押资产等尝试依然可以作为未来我们进行发展的参考。NFT 定价在业界中产生了许多创新想法，本书已对其进行系统综述，可参见第六章第一节，这可以作为我国探索数据资产定价的重要参考之一。另外，NFT 作为抵押资产借贷资金，提升了资产流动性，亦可为数据资产进一步金融化提供参考。

最后是数据使用，NFT 可与智能合约技术结合，扩大应用场景，利用可编程性特点，与业务场景深度融合。智能合约理论上可为 NFT 的应用提供无限可能，以下略举几例作为参考，其一是全流程跟踪数据，定向投放使用，可以利用智能合约监控数据流向，规定数据使用场景，如对敏感数据限制流通行业，达到特定条件解锁数据等；其二是数据与业务深度绑定，全景式配合，可以根据业务逻辑在智能合约中写好数据的使用规则，例如目前进行探索的ERC-3525是NFT与FT的结合体，可能在金融衍生品等领域可能有着居多应用场景，还有闪电贷（Flash Loan）等创新应用；其三是数据互通互操作，要素市场深度融合，利用智能合约，各类业务逻辑的代码可以相互组合拼接，极大地降低数据在不同部门的冗余重复、不连通等问题。

毋庸置疑，NFT现在仍仅仅停留在营销和投机领域，甚至毫不夸张地说目前市面上99%以上的NFT毫无价值，完全是炒作和噱头。因此这更需要我们去伪存真、去芜存菁，笔者更希望看到本书的实干家能够根据以上理念在实业中进行深入的探索和应用，不仅停留在表面浮躁上，而是进一步发展相应技术。实事求是地讲，目前NFT的技术实现非常简单，区块链的成本依然居高不下，但既然我们从中看到了机会遇未来，更应该脚踏实地，用心为数字经济发展贡献自己的一份力量。